Las Guerras del
mundo **moderno**

Jaime de Montoto y de Simón

LIBSA

Placa conmemorativa de la infantería de marina estadounidense.

© 2017, Editorial LIBSA
C/ San Rafael, 4
28108 Alcobendas. Madrid
Tel. (34) 91 657 25 80
Fax (34) 91 657 25 83
e-mail: libsa@libsa.es
www.libsa.es

ISBN: 978-84-662-3339-2

TEXTOS: Jaime de Montoto y de Simón
EDICIÓN: equipo editorial LIBSA
DISEÑO DE CUBIERTA: equipo de diseño LIBSA
MAQUETACIÓN: Julián Casas y equipo de
maquetación LIBSA
DOCUMENTACIÓN Y FOTOGRAFÍAS:
Thinkstock.com, Shutterstock Images,
123 RF y archivo LIBSA

CRÉDITOS FOTOGRÁFICOS:

Estavanik / Shutterstock.com: págs. 6, 46
Musée de l'Armée Invalides de Francia, pág. 10
McCarthy's PhotoWorks / Shutterstock.com: pág. 26
Biblioteca Nacional Francia, pág., 39, abajo, derecha
Bob Shcakleton, págs. 40, 75, las cuatro fotos
GPO (Government Press Office), págs. 56, arriba; 59, 61 arriba y abajo
U.S. Navy National Museum of Naval Aviation, pág. 83
Royal Navy, pág. 89, arriba
Thomas Kock / Shutterstock.com, págs. 95, 98
United States Marines Corps, pág. 100
Free Wind 2014 / Shutterstock.com, pág. 104
Ministerio de Educación y Deporte de Argentina. Presidencia de la Nación,
   pág. 105, abajo
Avarand / Shutterstock.com, pág.109
Biblioteca del Congreso Nacional de Chile, pág. 112
U. S. Air Force, págs. 120, 122
U. S. Army, págs. 125, arriba, 145, 151 abajo,
Northfoto / Shutterstock.com, pág. 133, abajo
U. S. Navy, págs. 135, derecha, 141, 147, 149, 156, 158 abajo, 159 arriba
U. S. Military or Department of Defense, págs. 135 izquierda, 148
Northfoto / Shutterstock.com, pág. 136
United States Marine Corps, págs. 145, 142-143, 145 abajo, 151 arriba,
U. S. Federal Government, págs. 153, 153

DL: M 30580-2016

Contenido

Condecoración del ejército de EE. UU. conocida como Corazón Púrpura, a los heridos o muertos en acto de servicio.

Soldados del 75.° Regimiento de Infantería (Rangers) de
Estados Unidos defendiendo una posición. Esta fuerza
de élite se despliega en misiones que incluyen incursiones
e infiltraciones vía aérea, terrestre o marítima.

Presentación

Al acabar la Segunda Guerra Mundial, los EE.UU. ocupaban una posición de poder sin precedentes en la historia. Eran la nación más poderosa de la Tierra, gracias a su posesión exclusiva de la bomba atómica.

Retrato de Ho Chi Minh, colocado en el salón de actos de la antigua oficina de correos francesa en el edificio colonial de Saigón, en Vietnam (actual ciudad de Ho Chi Minh).

Muchos estudiosos de la estrategia consideraban que EE. UU. era capaz de enfrentarse, en tierra, mar y aire, a cualquier coalición de las otras grandes potencias y vencerlas sin paliativos. Pero parecía que el arma atómica era demasiado poderosa para poder emplearla. De ahí que la mayoría de los pensadores creyeran que las gue-

rras serían imposibles a partir de aquel momento. Por ejemplo, Julián Marías aseguraba en 1962, en su ensayo titulado *Posibilidad e imposibilidad de la guerra*: «*Son los hombres los que hacen la guerra a otros hombres, asentados unos y otros en la existencia de la humanidad y en su mutua supervivencia colectiva, es decir, en la posibilidad de que "haya vencidos", quiero decir, que los vencidos sigan existiendo. Pues bien, esto es lo que desaparece súbitamente desde 1945. Dada la guerra nuclear no habría vencidos, ni probablemente vencedores, ni acaso especie humana. Conste que con lo primero basta para que la guerra se haya hecho "imposible"...*». Sin embargo, poco después, él mismo decía en 1964, en *La penúltima razón*: «*A pesar de ello, desde 1945 ha habido guerras y, si se mira bien, no pocas; y lo que es peor, las sigue habiendo y su historia promete continuar*».

En general estas guerras tenían un aspecto muy característico: eran guerras pequeñas, irregulares y remotas. Muchas de estas guerras eran guerras «anticolonialistas», destructivas de un viejo orden colonial que los vencedores de la Primera Guerra Mundial habían hecho tambalearse cuando intentaron justificar el despojo de las colonias alemanas por motivos morales, y que la Segunda Guerra Mundial había hecho imposible mantener. Ya lo había vaticinado el general ruso Kuropatkin cuando dijo en 1905 que: «*Los gritos de "Asia para los asiáticos" y "África para los africanos" son muy graves para Europa. El peligro se acerca y es tan inminente que las potencias europeas tendrán que liquidar sus diferencias y unirse para desbaratar el intento de esos pueblos que resurgen y quieren encerrar a*

Un soldado consolando a otro durante la Guerra de Vietnam.

Soldados del Vietcong trasladan al capitán norteamericano David Earle Baker, herido, desde la tienda hospital hasta el punto de intercambio de prisioneros en 1973.

Durante la Guerra de Corea, los trenes se utilizaron como medio de transporte de soldados y equipos estadounidenses y también fueron objeto de ataque. En la foto, las bombas estadounidenses destrozan vagones de ferrocarril al sur de Wonsanv (antiguamente Gensan), una ciudad portuaria de la costa este de Corea del Norte.

la vieja Europa en la angosta concha de la que salió hace tiempo». Pero el mundo occidental estaba dividido y siguió dividido en su enfoque de estas guerras, hasta el punto de que en la crisis de Suez en 1957, las dos clásicas potencias coloniales, Gran Bretaña y Francia, no se enfrentaron solo a Egipto, sino también a EE.UU.

De hecho, durante la guerra, los EE.UU. apoyaron por medio de la OSS (*Office of Strategic Services* u Oficina de Servicios Estratégicos, el antecedente de la CIA) a todo tipo de guerrillas y movimientos antijaponeses, sin preocuparse de si también eran antieuropeos. Estos movimientos, después de ayudar a los estadouniden-

ses a expulsar al ejército imperial japonés, llevaron al poder a líderes pronorteamericanos, como Syngman Rhee en Corea, o antioccidentales como Sukarno en Indonesia, Ho Chi Minh en Vietnam, o Mao Tse Tung en China. Estos movimientos ocuparon, normalmente por la fuerza, el vacío político creado por la desaparición de los imperios coloniales británico, francés y holandés.

Por otra parte, cuando los dirigentes soviéticos se dieron cuenta de que la bomba atómica era demasiado potente para que un gobierno democrático como el de EE.UU. se atreviera a utilizarla para resolver conflictos de menor enti-

El 24 de diciembre de 1964, a las 17:55 horas, los terroristas del Vietcong hicieron explotar una bomba en el garaje del hotel Brinks, en Saigón. El hotel, que albergaba 125 personas entre militares y civiles, era en ese momento un lugar de reunión de los oficiales de las Fuerzas Armadas de EE. UU. Murieron dos estadounidenses y 107 personas más fueron heridas.

dad, decidieron debilitar al mundo occidental mediante conflictos limitados en áreas que, para los EE.UU., no fueran de importancia primordial. Así lo hicieron en Vietnam, Corea, Malasia, Indonesia y otros lugares donde podían aprovechar el sentimiento nacionalista y anticolonialista, para desencadenar un conflicto que permitiera establecer un régimen de izquierdas. En todas esas áreas no se podían emplear las armas nucleares porque las circunstancias no lo justificaban, y las armas convencionales eran ineficaces por motivos políticos y geopolíticos. Ahí quedó claro que el poder del armamento convencional estadounidense era inmenso, pero no era capaz de resolver todos los conflictos cuando se daban ciertas condiciones.

Pese a que los norteamericanos dispusieron del arma nuclear en exclusiva durante varios años, desde 1945 hasta 1949, Stalin y los dirigentes de la URSS, supieron aprovecharse de la inexperiencia de los líderes estadounidenses en la política internacional. De este modo primero consiguieron establecer su dominio sobre Europa oriental, instalando regímenes satélites en Polonia, Checoslovaquia, Hungría, Bulgaria, etc. Posteriormente lograron establecer regímenes comunistas o prosoviéticos en China, Corea del Norte, Vietnam del Norte e Indonesia.

Vista de los soldados franceses en una trinchera en la Guerra de Indochina.

En ninguno de estos conflictos se enfrentó directamente la URSS con EE.UU., sino que se limitó a proporcionar armamento, ayuda técnica y apoyo financiero a los regímenes que le convenían. De este modo estallaron la Guerra de Corea, la de Indochina y la de Vietnam. Además intentó crear regímenes prosoviéticos en diversas naciones de Centro y Sudamérica, de África, y de Oriente Medio. Solo cuando Kruschev intentó apoyar al régimen de Fidel Castro en Cuba, y convertir la isla en una base de misiles estratégicos soviéticos, el gobierno de EE.UU. comprendió que eso era una amenaza directa contra el territorio y la población estadounidenses. Por este motivo el mundo estuvo por primera vez al borde de una guerra nuclear, ya que las autoridades norteamericanas consideraron que era preferible arriesgarse a una guerra nuclear generalizada, que podrían ganar, antes de que los soviéticos dispusieran de baterías de misiles tan próximas al territorio metropolitano de EE.UU. que pudieran lanzar un primer ataque que no podrían detener ni las perfeccionadas fuerzas de defensa estadounidenses.

El primer escenario donde se iniciaron dos de las grandes guerras fue el Extremo Oriente. Las Guerras de Corea e Indochina fueron casi simultáneas, pero de muy distinto carácter. La Guerra de Corea fue un enfrentamiento entre un régimen pro-occidental y otro comunista, que no aceptó el compromiso firmado de celebrar unas elecciones libres que afectasen a todo el territorio coreano, y proclamó unilateralmente la independencia de la República de Corea del Norte; así se ha perpetuado un régimen comunista bajo la tiranía personal de una familia al frente de un gobierno dictatorial, que mantiene a su país en una situación de opresión política y miseria económica. En cambio, la Guerra de Indochina significó la lucha entre la antigua potencia colonial, que pretendía volver a la situación anterior de la guerra, y un grupo de guerrilleros de inspiración comunista y nacionalista, que habían luchado contra los japoneses, después contra los franceses y, finalmente, combatieron contra los estadounidenses.

Por este motivo fueron dos guerras muy distintas en la forma. En Corea empezaron a combatir dos ejércitos organizados y uniformados; uno, el de Corea del Norte, claramente más numeroso y mejor equipado que el de Corea del Sur. Así tuvo lugar una guerra de tipo clásico, entre dos ejércitos uniformados, uno de los cuales hizo retroceder al otro hasta el pequeño territorio alrededor de Pusán o Fu-san, donde los restos del ejército surcoreano y tres divisiones estadounidenses mantuvieron un mínimo perímetro. En un principio, el gobierno de EE.UU. solo autorizó al general MacArthur, su comandante en jefe en el Pacífico, a enviar aviones a bombardear a las fuerzas norcoreanas (y esto solo al sur de paralelo 38°N), y luego a enviar un batallón para «proteger la evacuación de los ciudadanos estadounidenses no combatientes» cogidos en la guerra. Cuando le fue autorizando enviar todas las fuerzas de que disponía en la zona de Japón, siempre se le autorizó «con cuentagotas» y llegando tarde a detener a las fuerzas de Corea del Norte. Por eso el perímetro de Fu-san era tan pequeño que MacArthur casi no podía desplegar más unidades y prefirió efectuar un desembarco en la bahía de Inchon (la antigua Chemulpo, donde habían desembarcado los japoneses en la guerra ruso-japonesa), para atacar al enemigo en su retaguardia cortando sus líneas de abastecimiento, y hacerle retirarse a toda prisa de Pusán. De este modo, en un clásico movimiento de guerra convencional, obligó a los norcoreanos a retirarse hasta el paralelo 38°N y luego hasta casi la frontera con China.

Por otra parte, EE.UU. tuvo que forzar una resolución del Consejo de Seguridad de la ONU que la autorizase a emplear la fuerza para defender a Corea del Sur, que solo fue posible porque el representante de la URSS no asistía en aquel momento a las reuniones del Consejo para reclamar el reconocimiento oficial de la China comunista. Entonces, otras veinte naciones enviaron fuerzas de tierra, mar o aire para defender a Corea del Sur. Así se creó un conflicto de tipo tradicional, en el que la China comunista envió gran cantidad de tropas a combatir de un modo bastante abierto, pero la URSS solo envió «asesores» y material. De estos apoyos, el más conocido fue el avión de combate MiG-15, que superaba claramente a los F-80 *Shooting Star* de EE.UU. y obligó a que entrara en servicio el F-86 *Sabre* para poder recuperar la superioridad aérea en los cielos de Corea. Esta guerra en la que se respetaban por ambos bandos (al menos oficialmente) los convenios de la Haya y de Ginebra, acabó estancada en un frente apoyado en el paralelo 38°N, donde todavía sigue la línea de separación entre ambas Repúblicas de Corea (Norte y Sur).

En cambio, la Guerra de Indochina, que empezó de un modo irregular con choques entre elementos vietnamitas y franceses antes de que acabase la Segunda Guerra Mundial, fue el clásico conflicto entre una metrópoli europea que trataba de dominar la rebelión de una de sus colonias. El gobierno francés, que presidía el general De Gaulle, no tenía ninguna duda ni ninguna limitación legal respecto al derecho de Francia a recuperar la soberanía de su antigua colonia. De hecho, si Francia había conseguido que la admitieran entre «los grandes», fue debido a la existencia de su enorme imperio colonial, que no podía dejar perder sin combatir con todos los medios a su alcance. Solo las dificultades logísticas originadas por la distancia de Indochina a la metrópoli limitaron su esfuerzo militar para recuperar el dominio de algo que el gobierno francés consideraba tan suyo como uno de sus departamentos (equivalentes a una provincia española) de la Francia europea. Los miembros de los primeros contingentes de refuerzo franceses llegaron a Indochina con la perspectiva de una guerra rápida para le recuperación del orden en una colonia; en realidad esperaban una operación casi policial. Nada más equivocado; fue la primera «guerra asimétrica», como se ha dado en llamar a todas las de este tipo.

Las unidades francesas vestían uniformes, aunque fuesen de camuflaje, obedecían a sus jefes sin cuestionar las órdenes y respetaban las leyes de la guerra. Eran un ejército de veteranos de la Segunda Guerra Mundial, expertos y bien motivados en general, ya que consideraban que Francia había lavado, sobre todo en 1944 y 1945, la «afrenta de 1940», y estaban convencidos de que iban a ganar la guerra. Ninguno de sus mandos podía imaginar que iban a entrar en una guerra de un tipo absolutamente nuevo y que iba a durar ocho largos años. Luego los franceses descubrieron, poco a poco, que era imposible llegar a una solución por las armas. Lo más que podía conseguir el ejército francés era llevar el enfrentamiento armado a una situación más favorable, que permitiera negociar en mejores condiciones.

Enfrente se encontraba una amalgama de diferentes organizaciones subversivas y guerrilleras, que en un principio llegaron a estar enfrentadas entre sí, al igual que contra los franceses, pero que luego se convirtieron en un verdadero ejército, aunque no llevasen uniformes. Ya desde 1948 Ho Chi Minh, que había tomado firmemente el mando de las guerrillas del Viet Minh (abreviatura en vietnamita de la *Liga para la independencia del Vietnam*), las convenció de que debían colaborar estrechamente con las incipientes fuerzas regulares, que organizó Vo Nguyen Giap, un antiguo profesor de economía que se convirtió en el gran general del Viet Minh, con la ayuda de Pham Van Dong. En 1953 ya contaba con cuatro divisiones bien organizadas, adiestradas y disciplinadas, y contaba con una gran parte de la población civil para ayudarles a transportar las artillería pesada y sus municiones, así como para abastecerles llevando los sacos de arroz en bicicleta cuando era posible, o si no, a hombros de dichos civiles. Así fue como los franceses perdieron la batalla de Dien Bien Phu y luego la guerra. Además los combatientes del Viet Minh disfrutaban de dos ventajas fundamentales: tenían un enemigo claro, el ejército francés, y un objetivo bien definido, la independencia. Los franceses, que carecían de ambos y cuyo gobierno fue incapaz de negociar adecuadamente, perdieron la primera «guerra asimétrica» y tuvieron que conceder la independencia a Vietnam del Norte.

Durante la segunda mitad del siglo XX, se suceden innumerables guerras, que imitan con más o menos fidelidad estos dos ejemplos, Corea y Vietnam. Las Guerras Árabe-Israelíes, los conflictos entre India y Paquistán, la larga guerra entre Irán e Irak, o las dos guerras de las coaliciones occidentales contra Irak, sobre todo la primera, popularizada como la «Operación Tormenta del Desierto», fueron guerras con ejércitos organizados y uniformados como en Corea, con un enemigo claramente identificable y una línea del frente, aunque a menudo fuera enormemente móvil. En estas guerras se podía llegar a una victoria

Un B-26 Invader de la 5.ª Fuerza Aérea norteamericana bombardea unos depósitos logísticos norcoreanos en Wonsan, en 1951. El B-26 Invader fue un eficaz bombardero ligero que en la guerra de Corea destruyó 38.500 vehículos, 406 locomotoras, 3.700 vagones de tren, y siete aviones enemigos.

mediante un mejor empleo de los medios clásicos, como la artillería, los carros de combate y los aviones, aunque siempre el soldado de infantería era el que tenía que ocupar el territorio enemigo.

En cambio la Guerra de Vietnam, la de Argelia, la de los afganos contra la URSS y la de los *talibanes* afganos contra su propio gobierno central y la coalición occidental que lo apoyó, han sido diversas variantes del modelo que se inició en Indochina contra los franceses. En estas guerras, bautizadas como «guerras asimétricas» por la enorme desproporción de medios entre ambos contendientes, un adversario, claramente más débil, solo debe resistir hasta que su enemigo, mucho más fuerte militarmente pero más débil políticamente, se canse y le regale la victoria final. Es solo cuestión de tiempo.

Una escuadra de ametralladoras de la Compañía A, 24.° Regimiento, 25.ª División de infantería, apunta sus armas contra los comunistas chinos en un pueblo al otro lado del río Han en Songnimbong, Corea, el 21 de de febrero de 1951.

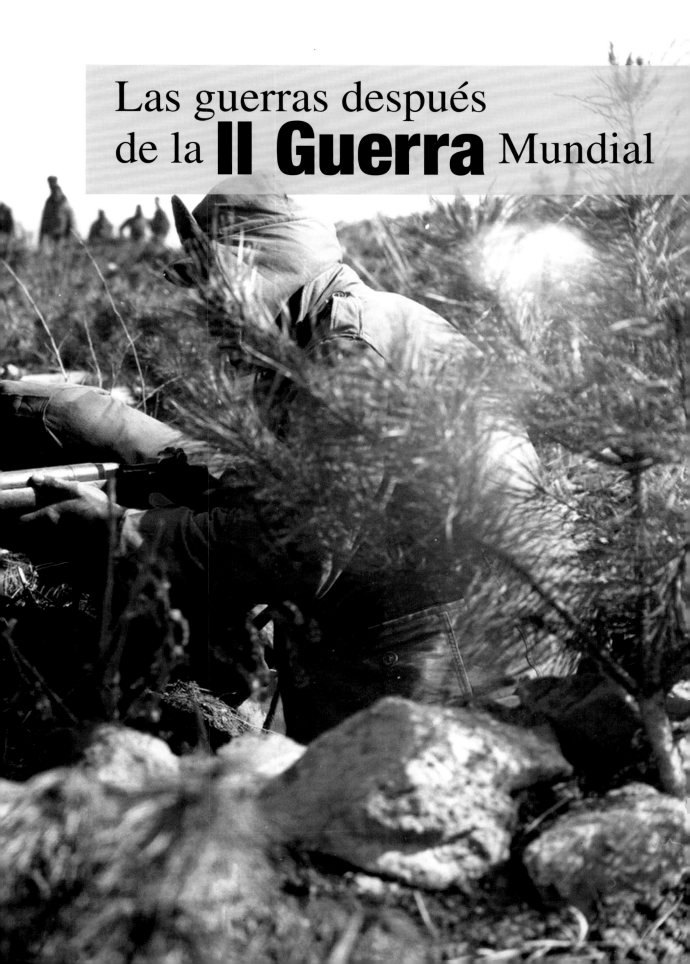

Las guerras después de la **II Guerra** Mundial

La Guerra de **Corea**

Cuando la Unión Soviética atacó Japón en agosto de 1945, sus tropas habían avanzado en Corea hasta el paralelo 38° N, según el acuerdo al que habían llegado Rusia y Estados Unidos. Por este motivo, después de la Segunda Guerra Mundial, en 1948, el país se partió en dos. En Corea del Sur se estableció un régimen democrático y pro occidental, mientras que en Corea del Norte se estableció un régimen comunista, dominado por la figura de Kim Il Sung, cuya familia ejerció la dirección del país desde entonces.

El Ejército de Corea del Norte era una fuerza muy considerable, que disfrutaba de una porción muy importante del presupuesto nacional, con un soldado por cada 45 habitantes (el mayor porcentaje del mundo) y un buen número de tropas acorazadas, adiestradas y abastecidas por la Unión Soviética. En cambio, el Ejército de Corea del Sur era poco más que una fuerza de policía. Parecía que no iba a ser necesario que fueran algo más, ya que las fuerzas de Estados Unidos permanecieron en Corea del Sur hasta junio de 1949. Cuando se fueron retiraron sus tanques, su aviación, su artillería pesada y sus depósitos de municiones. Solo dejaron un grupo de consejeros militares.

LA INVASIÓN DE COREA DEL SUR (25 DE JUNIO DE 1950)

A las 4:00 de la mañana del 25 de junio de 1950 las fuerzas del general norcoreano Chai Ung Chai cruzaron el paralelo 38° N por la península de Ongjin e iniciaron el avance hacia el sur, atacando Kaesong, Pochón, Chunchon y Kangnung. En Kaesong, la antigua capital de Corea, las fuerzas de la 1.ª división surcoreana vieron cómo su armamento antitanque de 37 mm era inútil contra los carros de combate del norte y se lanzaron al ataque empleando pértigas con cargas explosivas o intentando abrir las torres de los tanques para tirar granadas de mano dentro. A las 9:30 los norcoreanos ya habían tomado Kaesong.

LA RESOLUCIÓN DEL CONSEJO DE SEGURIDAD DE LA ONU (27 DE JUNIO DE 1950)

Inmediatamente, Estados Unidos forzó una reunión del Consejo de Seguridad de la ONU, donde se aprobó por siete votos a favor (Gran Bretaña, Francia, China nacionalista, Cuba, Ecuador, Noruega y Estados Unidos), dos abstenciones

> Tras la invasión de Corea del Sur por Corea del Norte, la ONU condenó el ataque y envió ayuda militar

(Egipto e India) y el voto en contra de Yugoslavia, una resolución de condena de la agresión, que animaba a todos los estados miembros a enviar ayuda militar (o lo que fuera) a Corea del Sur. Esto fue posible porque la Unión Soviética había adoptado la táctica de no asistir a las reuniones del Consejo de Seguridad en protesta por el no reconocimiento de la China comunista y no pudo ejercer su derecho de veto.

LA PRIMERA REACCIÓN DEL GENERAL MACARTHUR

Tras esta resolución del Consejo, Estados Unidos envió inmediatamente tropas a Corea desde Japón. Hasta entonces, el general Douglas MacArthur, comandante supremo de las fuerzas estadounidenses en el Pacífico, solo había podido enviar aviones a bombardear al sur del paralelo 38° N, pero después de la resolución de la ONU, se le autorizó a enviar un batallón de la 24.ª división de infantería para «proteger la evacuación de los súbditos norteamericanos no combatientes». Luego pudo enviar a toda la división, aunque no estaba al completo de personal y carecía de su artillería pesada. Después envió al general Walton H. Walker, jefe del 8.º ejército en Japón, con la 1.ª división de caballería y la 25.ª división de infantería. No contaba con mucho más en Japón. Afortunadamente, el puerto de Pusán (o Fu-san), en el extremo sudeste de la península de Corea (y a solo 100 millas náuticas del puerto japonés de Fukuoka), era un magnífico enclave, con cuatro grandes muelles y magníficas instalaciones para la descarga de los buques, y era el terminal de una gran vía férrea, que le conectaba con cua-

tro de las principales vías del país; también era un nudo importante de carreteras, pero estas eran de tierra en todo Corea y se convertían en un lodazal cuando llovía. Para completarlo, junto a la ciudad estaba el gran aeropuerto de Gimhae o Chanhae, que se convirtió en una base logística fundamental.

LA REACCIÓN DEL EJÉRCITO DE COREA DEL SUR

Mientras llegaban los refuerzos, el general Chae Biong Duk, jefe del Estado Mayor surcoreano, reaccionó considerando que sería un incidente más de frontera, pero ya envió a la 7.ª división surcoreana por el oeste para cerrar el paso al enemigo, y a la 2.ª división, que se encontraba a más de 150 km al sur de la frontera, a cubrir el flanco derecho de la 7.ª por la carretera del este. Aunque la 7.ª se mantuvo firme, los tanques norcoreanos siguieron avanzando,

Tropas movilizadas durante la Guerra de Corea. En primer plano, los soldados de Corea del Sur que forman la dotación de un cañón y su vehículo tractor, muestran su bandera.

pues eran invulnerables a las armas antitanques del sur, mientras la 2.ª división se arrastraba hacia el frente. El gobierno surcoreano abandonó Seúl y se dirigió a Taegu (Taejon) en el sur. Por una cadena de errores, el 27 de junio se volaron los puentes sobre el río Han en Seúl, cuando la mitad de las fuerzas surcoreanas aún no habían cruzado por ellos. El 28 de junio los norcoreanos entraron en Seúl y asesinaron a todos los funcionarios y policías de Corea del Sur. El 30 de junio las fuerzas surcoreanas trataron de detener el avance del norte en el cruce del río Han, pero cuando entró en acción la artillería del norte, se desbandaron. El primer batallón estadounidense intentó detener a dos divisiones del Norte el 5 de julio, pero la artillería americana no podía detener a los tanques T-34, la infantería se desbandó y los norteamericanos abandonaron casi todo su armamento, incluidos algunos cañones intactos.

En unos días, los norcoreanos derrotaron claramente al Ejército surcoreano y a las primeras tropas de Estados Unidos, que se retiraron combatiendo hacia el sudeste. Pero la llegada de la 24.ª división alarmó a las autoridades norcoreanas, que se detuvieron para reabastecerse. Esto dio tiempo a que llegara el general Walker con sus dos divisiones de refresco y lograse mantener una cabeza de puente alrededor de Pusán.

Las fuerzas de los contendientes. El Ejército de Corea del Norte contaba con siete divisiones de infantería, una brigada acorazada y otras unidades, con un total de 90.000 hombres, artillería pesada, cazas Yak-3 y 150 tanques T-34. En cambio, Corea del Sur únicamente contaba con 65.000 hombres sin armamento pesado, solo con fusiles, ametralladoras, 27 vehículos blindados de ruedas y 89 obuses de 105 mm, que además no estaban en muy buenas condiciones. Para colmo solo tenía munición para unos días de combate.

LA ACCIÓN DE LA AVIACIÓN Y LA MARINA ESTADOUNIDENSES

Durante todo este tiempo la 5.ª Fuerza Aérea de Estados Unidos con base en Japón, mandada por el general George Stratemeyer, consiguió el dominio del cielo sobre Corea y, además de apoyar a sus fuerzas de superficie, mantuvo una continua ofensiva sobre las líneas de abastecimiento de los norcoreanos atacando ferrocarriles y carreteras, puentes, túneles y estaciones, lo cual frenó el avance de las fuerzas norcoreanas.

Los P-80 *Shooting Star* se hicieron con el dominio del aire. Cuando los comunistas empezaron a disponer de reactores MiG-15 y MiG-17, fue necesario que la USAF enviara cazas F-86 *Sabre*, que recuperaron el dominio del aire y lo mantuvieron hasta el final de las operaciones, consiguiendo un porcentaje de cuatro Migs derribados por cada *Sabre*, que en algunos periodos llegó a un resultado de 20 contra uno. En cambio, pronto se vio que los B-29 no podían afrontar a los Migs sin escolta de cazas. De todas formas, la USAF consiguió el dominio del aire hasta el río Yalu.

La 7.ª flota reaccionó rápidamente y el destacamento de la US *Navy* bajo las órdenes del almirante Higgins colaboró en todo momento, protegiendo con el fuego de sus cruceros las operaciones del ejército de tierra y enviando a los aviones del portaaviones *Valley Forge* a atacar las comunicaciones en conjunción con la fuerza aérea. Fue un modelo de campaña de interdicción con los medios disponibles, pese a las distancias que debían recorrer los aviones y a las restricciones de origen político para atacar determinados objetivos o utilizar cierto tipo de armas.

Cazas F-86 Sabre *en línea de vuelo preparándose para el combate en junio de 1951. Este modelo de caza fue el más rápido del ejército americano durante la Guerra de Corea.*

WHOLE BLOOD
for U.S. FORCES
KOREA
RUSH

HUMAN BLOOD

EL DESEMBARCO EN INCHON
(15 DE SEPTIEMBRE)

Aunque ya podía reforzar Pusán, MacArthur comprendió que desde una zona tan reducida no desplegaría suficientes fuerzas para contraatacar. Por eso decidió desembarcar en la retaguardia enemiga. Para ello escogió el puerto de Inchon (Chemulpo), que estaba a solo 30 km de Seúl y no contaba con una fuerte guarnición norcoreana.

El desembarco se realizó sin problemas y las fuerzas del X cuerpo de ejército norteamericano avanzaron rápidamente hacia Seúl. Los norcoreanos defendieron Seúl del 25 al 28 de septiembre, pero su ejército se desorganizó y las tropas aliadas de Pusán (básicamente el 8.º ejército norteamericano), reforzadas en las últimas semanas, rompieron el frente norcoreano y avanzaron hacia el norte. El 29 de septiembre el presidente surcoreano Syngman Rhee volvía a Seúl.

LA INVASIÓN DE COREA DEL NORTE Y LLEGADA A LA FRONTERA CON CHINA

Después de que se reinstalara el gobierno surcoreano en Seúl, MacArthur recibió el permiso para cruzar el paralelo 38 y rompió las líneas norcoreanas el 1 de octubre mientras efectuaba otro desembarco en Wonsan, en la costa oriental de Corea del Norte, a la espalda de las tropas comunistas.

Después de esto, avanzó con el 8.º ejército a la izquierda, por el oeste de Corea, y el X cuerpo de ejército por el este; el 8.º ejército ocupó Pyongyang, capital de Corea del Norte. Así llegó con facilidad al río Yalu, que formaba la línea de la frontera con China.

Envío por vía aérea de reservas de sangre de la Cruz Roja americana para asistir a las fuerzas de EE. UU. en Corea. La sangre se almacenaba en Yokohama para su envío a Corea según fuera necesario.

Desembarco en Inchon, a 30 km de Seúl, el 15 de septiembre de 1950.

INTERVENCIÓN DE LAS TROPAS CHINAS

Las autoridades de Pekín ya habían advertido que si las fuerzas de la ONU cruzaban el río Yalu, China intervendría en la guerra. A finales de octubre algunas unidades avanzadas de Estados Unidos y Corea del Sur fueron atacadas por unidades de voluntarios chinos. En noviembre MacArthur decidió realizar una maniobra en tenaza para acabar con las últimas tropas norcoreanas, pero mientras tanto los chinos habían infiltrado 100.000 hombres en su reta-

guardia aprovechando la naturaleza montañosa del terreno y que la población civil les ayudaba. Cuando MacArthur inició su ofensiva, se encontró con que le atacaban en masa por la retaguardia. Esto creó una terrible confusión en el 8.º ejército, algunas de cuyas divisiones fueron casi destruidas mientras trataban de poner orden en una caótica retirada, y la línea del frente se derrumbó. El X cuerpo de ejército, en la parte oriental, logró retirarse en buen orden hasta el puerto de Hungnam, desde donde se le

En la imagen, la 2.ª División de infantería norteamericana disparando con una ametralladora al norte del río Chongchon, durante la Guerra de Corea.

LA CONTRIBUCIÓN DE OTRAS NACIONES A LAS FUERZAS DE LA ONU EN COREA

Australia fue la primera nación en enviar tropas: el 77.º escuadrón de caza de la RAAF y un batallón del *Royal Australian Regiment*; después llegaron una fragata y un destructor; el portaaviones Sidney participó en las operaciones finales.

Por su parte, Gran Bretaña envió una brigada de infantería y puso la flota de Extremo Oriente con cabecera en Hong Kong a disposición del general MacArthur; también envió un escuadrón de aviones Sunderland de patrulla marítima y una escuadrilla de enlace, pues los pilotos de caza británicos fueron agregados a escuadrones de la USAF. Nueva Zelanda envió dos fragatas y una fuerza de voluntarios de unos 1.050 hombres. Canadá envió tres destructores, que luego llegaron a ser cinco, un batallón de infantería y un escuadrón de transporte de la RCAF; Francia envió un batallón; Turquía, una brigada; Tailandia, un regimiento y varios buques; Filipinas, una brigada de infantería; Colombia, un batallón; Holanda, un batallón; Bélgica, un batallón; Etiopía, un batallón; Sudáfrica, un escuadrón de caza; Grecia, un batallón de infantería y un escuadrón de aviones de transporte; Luxemburgo, una compañía de infantería; Italia, Suecia, Noruega y Dinamarca enviaron hospitales de campaña y la India mandó un equipo quirúrgico de primera línea. Los problemas de logística (¡cada nación exigía una alimentación distinta!) y la falta de normalización de armamento, equipos, reglamentos y tácticas y hasta equiparaciones de grados se tuvieron que resolver sobre la marcha con buena voluntad.

evacuó por mar el 15 de diciembre, protegido por los cañones de la 7.ª flota de Estados Unidos. Para colmo, el general Walker murió en un accidente de circulación. El general Matthew Rigdway se hizo cargo del mando del 8.º ejército y logró finalmente estabilizar un frente que había retrocedido hasta más al sur del paralelo 38, abandonando de nuevo Seúl.

La aviación China interrumpió durante un corto periodo la supremacía de la aviación americana en los cielos de Corea. Para recuperarla se inició una campaña de bombardeo sistemático de 69 aeródromos de los norcoreanos, lo cual supuso la neutralización casi total de la fuerza aérea chino-coreana, mandada por el general Liu Ya Lou. Las fuerzas de la ONU, bajo el mando del general Rigdway, lograron aprovechar el parón enemigo para reorganizarse y, aprovechando su superioridad técnica, su mejor potencia de fuego y el eficaz apoyo aéreo, iniciaron una contraofensiva logrando recuperar el terreno al sur del paralelo 38. El 14 de marzo de 1951 se reconquistó Seúl y se llegó a la línea fronteriza inicial anterior a la invasión del sur por Corea del Norte. Del 15 al 20 de mayo los chinos lanzaron una contraofensiva que fracasó estrepitosamente.

EL ENFRENTAMIENTO ENTRE EL PRESIDENTE TRUMAN Y EL GENERAL MACARTHUR

El general Douglas MacArthur empezó a exigir a su gobierno que le autorizase a bombardear los puentes sobre el río Yalu y las bases en China. Pero el presidente Harry Truman no deseaba una guerra abierta con China que podía llevar a un enfrentamiento contra la Unión Soviética y se negó a aceptar sus peticiones. Entonces MacArthur empezó a criticar públicamente al presidente. Las relaciones entre los dos se deterioraron progresivamente y en abril de 1951 Truman cesó a MacArthur y nombró al general Matthew B. Rigdway para sustituirle como comandante supremo de todas las fuerzas estadounidenses en la zona.

LAS CONVERSACIONES DE PAZ Y EL ACUERDO FINAL

En junio de 1951 se iniciaron las conversaciones de paz, primero en Kaesong y luego en el pueblecito fronterizo de Panmunjon. Las conversaciones se alargaron hasta el 27 de julio de 1953, cuando se firmó el acuerdo que consagró la división de Corea en dos estados. Desde entonces se mantiene una situación de paz armada a lo largo de toda la frontera, con incidentes más o menos sangrientos, pero sin que las escaramuzas lleguen a convertirse en verdaderos combates, pese a algunas actuaciones de las autoridades del norte.

Fuerzas aéreas estadounidenses: un escuadrón de B-29 bombardea los centros de abastecimiento de Corea del Norte. En el transcurso de la Guerra de Corea, los B-29 hicieron hasta 20.000 vuelos.

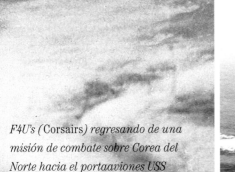

F4U's (Corsairs) regresando de una misión de combate sobre Corea del Norte hacia el portaaviones USS Boxer el 4 de septiembre de 1951, durante la Guerra de Corea.

Hawker Sea Furies *a bordo del* portaaviones HMS Glory *el 17 de marzo de 1952, durante la Guerra de Corea.*

La Guerra de **Indochina**

Durante la ocupación japonesa, Ho Chi Minh, un intelectual político que dirigía el Partido Comunista, había creado una organización militar de resistencia llamada *Vietminh* (abreviatura de Liga para la Independencia de Vietnam), que mandaba Vo Nguyen Giap. El 9 de marzo de 1945 los japoneses, que ya habían obtenido de las autoridades francesas el derecho de paso para sus tropas que combatían en Malasia y Singapur, presentaron un ultimátum exigiéndoles la entrega de su administración y de sus tropas en Indochina. Antes de que los franceses hubieran contestado, 80.000 soldados japoneses ocuparon las principales ciudades y empezaron a asesinar a los integrantes de la población francesa.

Aprovechando el vacío político que se había creado, el príncipe Bao Dai, arguyendo que descendía de los antiguos emperadores de Indochina, proclamó la independencia del país y tomó el poder. Los japoneses no reaccionaron, ya que después de la bomba de Hiroshima se vieron obligados a capitular sin condiciones, pero Ho Chi Minh desencadenó en todo el país una insurrección general, se apoderó de numeroso armamento abandonado por los japoneses y proclamó en Hanoi la República Democrática del Vietnam. Ho Chi Minh se convirtió en el presidente de la zona norte del país y se deshizo despiadadamente de sus enemigos. Bao Dai fue nombrado consejero del nuevo gobierno, pero prefirió exiliarse a Hong Kong.

LOS ANTECEDENTES

En septiembre de 1945 un cuerpo expedicionario de 200.000 soldados chinos del Ejército Nacionalista llegó a Hanoi. Ho Chi Minh firmó un acuerdo con el general Lu, jefe del cuerpo expedicionario para que se retirara, aunque para ello tuvo que aceptar un acuerdo con Francia. Para justificarse, en 1946 dijo: «La última vez que llegaron los chinos, permanecieron aquí durante mil años. Los franceses son extranjeros. Son débiles. El colonialismo está muriendo. El hombre blanco está acabado en Asia. Pero si los chinos se quedan ahora, nunca se irán. Yo prefiero oler mierda francesa durante cinco años a comer mierda china durante el resto de mi vida».

La rebelión comunista de Ho Chi Minh hizo retroceder a las tropas colonialistas francesas y, finalmente, claudicar

Cuando se inició la guerra contra Francia y un periodista le hizo ver la desigualdad de los adversarios, Ho Chi Minh le contestó: «Será una guerra entre un tigre y un elefante. Si el tigre se parase en algún momento, el elefante le atravesaría con sus poderosas defensas. Pero el tigre no se parará. Se ocultará en la jungla durante el día y no saldrá más que por la noche. Se lanzará sobre el elefante y le arrancará grandes jirones de carne de la espalda, después desaparecerá de nuevo en la jungla oscura. Y lentamente el elefante morirá de agotamiento y de hemorragia. Eso es lo que será la Guerra de Indochina».

Un legionario francés marcha a través de un arrozal en la zona del delta del río Rojo, entre Haiphong y Hanoi, en 1954. Tras él puede verse un carro de combate de fabricación estadounidense.

ENVÍO DEL GENERAL LECLERC CON UN CUERPO EXPEDICIONARIO

El gobierno del general Charles de Gaulle no aceptó ni tratar con Ho Chi Minh, sino que envió un cuerpo expedicionario mandado por el general Philippe Leclerc (D'Hauteclocque) que desembarcó en Saigón en septiembre de 1945 y avanzó hacia el norte. Los funcionarios del *Viet-minh* fueron sustituidos en el sur. Ho Chi Minh comprendió que no podía hacer frente a los franceses y negoció con Leclerc. El 6 de marzo de 1946 se firmó un acuerdo por el cual Francia reconocía una cierta autonomía al estado vietnamita dentro de la Unión Francesa; por su parte, Ho Chi Minh prometió a las tropas francesas una acogida pacífica en Hanoi. De hecho, el 5 de octubre de 1945 hubo una entrada triunfal para las tropas de Leclerc, aureolado de sus éxitos en África y Europa, sobre todo la liberación de París. Pero en las negociaciones que tuvieron lugar primero en Dalat y luego en Fontainebleau (Francia), los representantes franceses no fueron capaces de decidir si había que reconocer la independencia de Vietnam (como propuso Leclerc antes de regresar a Francia en julio de 1946) o reconstituir la antigua colonia, como preconizaba el almirante Thierry d'Argenlieu, nombrado gobernador general de Indochina por De Gaulle.

Un miembro del Vietminh es atendido por médicos vietnamitas leales a Francia en 1954.

EL INCIDENTE QUE DESATÓ LA GUERRA CIVIL EN VIETNAM DEL NORTE

El 19 de noviembre de 1946 tuvo lugar en el puerto de Haiphong un incidente más de una larga lista entre franceses y soldados del *Vietminh*: el coronel Debes pidió a los vietnamitas que cesase la agitación, y luego abrió fuego causando numerosas víctimas entre la población civil, cuando por error un crucero francés hizo fuego sobre una columna de refugiados. El 19 de diciembre el *Vietminh* respondió en Hanoi saboteando las centrales eléctricas y volando depósitos de municiones. Fue la señal para la insurrección general. Pero los militares franceses controlaron la situación y el *Vietminh* huyó a las montañas e inició la guerra de guerrillas, que duró siete años.

COMIENZO DE LA GUERRA DE GUERRILLAS HASTA 1950. ALTERNATIVAS DE LA CAMPAÑA

Las fuerzas del *Vietminh* tenían una gran ventaja: conocían bien el terreno, por lo que eran difíciles de atrapar. En cambio, el cuerpo expedicionario francés, mandado por el general Valluy, no estaba preparado para este tipo de guerra, pero consiguió contener a las tropas del *Vietminh* en las zonas montañosas.

Comenzó una guerra de guerrillas en la que los franceses no lograban eliminar totalmente a los guerrilleros y estos tampoco podían conseguir una capacidad de combate que les permitiera llevar a cabo operaciones importantes. En el otoño de 1947 las operaciones *Léa* y *Ceinture* del Ejército francés derrotaron a los guerrilleros y permitieron instalar puestos de guarnición a lo largo de la carretera colonial n.º 4 (RC4). Los paracaidistas del 1.er batallón de choque estuvieron a punto de capturar a Ho Chi Minh y a todo el gobierno del *Vietminh* en Bac Kan.

La zona del *Vietminh* se redujo a su santuario de Viet Bac, alrededor de Thai Nguyen y Tuyen Quang. El emperador Bao Dai aceptó ponerse al frente de una administración vietnamita dentro de un nuevo estado. Parecía que acabar con el *Vietminh* era solo cuestión de tiempo, pero el triunfo de Mao Tse Tung en la guerra civil china en 1949 le proporcionó a Ho Chi Minh una retaguardia en un santuario seguro y un aliado que le suministraba armas y municiones. Por otra parte, el *Vietminh* buscó el apoyo de la población civil, de buen grado o por el terror.

LA IMPORTANCIA DE LA AYUDA CHINA AL «VIETMINH». LA DERROTA DE CAO BANG (1950)

La ayuda china fue el comienzo de un periodo crítico para el Ejército francés, que culminó en el otoño de 1950 con la derrota de Cao Bang, a cuya guarnición se le dio orden de retirarse con todos los civiles a lo largo de la ruta RC4 sobre Dong Khé. Pero la noche del 15 al 16 de septiembre de 1950 seis batallones del *Vietminh*, apoyados por artillería, tomaron Dong Khé, defendido solo por dos compañías de la Legión Extranjera. Se reforzó la guarnición de Cao Bang con un batallón adicional para que pudiera abrirse camino hacia Dong Khé, y se organizó una columna en Lang Son, más al sur, para que pasara por That Khé (donde se lanzó a todo el 1.er batallón de paracaidistas de la Legión, que se unieron a la columna) y atacara Dong Khé, enlazando allí con la columna que bajaba desde Cao Bang.

Pero la columna procedente de Lang Son no pudo ni llegar a Dong Khé y fue aniquilada en Coc Xa. Días después la columna que se retiraba de Cao Bang fue derrotada también y unos 4.000 soldados en total cayeron prisioneros del *Vietminh*. Después, los guerrilleros tomaron That Khé. El repliegue fue general; se evacuaron Lang Son y Lao Khé, al noroeste del delta del río Song Koi (río Rojo). Las autoridades francesas comenzaron a temer lo peor. El general Carpentier pensó en retirar todas las posiciones sobre Hanoi y solo lo impidió una visita del general Juin.

El periodo del general de Lattre de Tassigny (1951)

El gobierno francés nombró entonces un nuevo jefe del cuerpo expedicionario: el general Jean de Lattre de Tassigny. Era un jefe que gozaba de gran prestigio y restableció rápidamente la si-

tuación. No conocía Indochina, pero se llevó como adjunto al general Raoul Salan, apodado el *Mandarín*, que había pasado allí una gran parte de su carrera. Estableció alrededor del delta del Song Koi una línea fortificada que contuvo las infiltraciones del *Vietminh* y aseguró a Hanoi una cierta protección.

Luego, cuando el *Vietminh* asedió Vinh Yen, un puesto fortificado francés, De Lattre contraatacó con sus Grupos Móviles (GM), formados por dos o tres batallones de infantería y una batería de artillería, y lanzó contra los guerrilleros todos los aviones que pudo conseguir cargados de napalm, que tuvo un efecto demoledor sobre los insurgentes, que huyeron aterrorizados. Esta batalla costó al *Vietminh* 1.660 muertos, 480 prisioneros y 6.000 heridos, frente a solo 750 franceses fuera de combate. Gracias a su victoria en la batalla de Vinh Yen, De Lattre obligó al general Giap a retirarse hacia las montañas del norte. Otros ataques contra Mao Khé y Ninh Binh también fracasaron gracias sobre todo a la intervención de los paracaidistas franceses. Giap intentó entonces apoderarse del

Los miembros de la 1ª Compañía de morteros pesados del Regimiento extranjero de paracaidistas durante la Guerra de Indochina en 1954.

país de los Thaï, muy profranceses y de donde se habían reclutado varios batallones de voluntarios. Sin embargo, el ataque de Giap sobre Nghia Lo fracasó gracias una vez más a la intervención de los paracaidistas franceses.

Derrota francesa en Hoa Binh (1952) y victoria en Na San

Pero el general De Lattre, enfermo de cáncer, fue evacuado a Francia, donde murió, y le sustituyó el general Salan y luego el general Navarre. El intento francés de reconquistar la población de Hoa Binh y mantenerla frente a los contraataques del *Vietminh* fracasó. Su conquista, la Operación *Tulipa*, fue relativamente fácil, pero aunque los guerrilleros no pudieron recuperarla, su reabastecimiento costaba un gran esfuerzo y ocupaba

demasiadas tropas, que podían emplearse mejor en otros puntos. Por eso se decidió abandonarla. Toda la operación les costó a los franceses 436 muertos, 438 desaparecidos y 2.060 heridos. Por su parte, el *Vietminh* tuvo un total de 11.800 muertos, heridos y desaparecidos, pero los franceses se habían tenido que retirar.

En cambio, la ocupación francesa de Na San, del 23 de noviembre al 3 de diciembre, para constituir una base aeroterrestre que sirviera de freno a la expansión *Vietminh* fue un éxito. Na Shan estaba defendida por un grupo móvil mandado por el coronel Gilles y abastecida por vía aérea mediante los C-47 (versión militar del DC-3). Durante la batalla el jefe francés empleó por primera vez la llamada táctica del erizo: se trataba de un concepto de defensa basado en un puesto

principal rodeado de varias posiciones denominadas puntos de apoyo; cuando los guerrilleros tomaban algún punto de apoyo mediante ataques nocturnos, los legionarios o los paracaidistas contraatacaban con el apoyo de la artillería. El 4 de diciembre Giap tuvo que admitir su derrota y retiró sus divisiones.

LA LUCHA POR DIÊN-BIÊN-PHU (1954)

El *Vietminh* había reforzado sus efectivos y se desplazó lentamente hacia la frontera con Laos, buscando una victoria que le proporcionase un gran prestigio. Esta obsesión del general Giap y el deseo francés de impedir a toda costa cualquier infiltración del *Vietminh* hacia Laos dieron como resultado la batalla de Diên-Biên-Phu.

La gran cubeta de Diên-Biên-Phu había sido abandonada por los franceses en 1950, pero en 1953 decidieron ocuparla de nuevo para que fuera la gran base aeroterrestre para la defensa de Laos. La posición francesa en Diên-Biên-Phu parecía muy sólida, pero estaba demasiado alejada de las líneas francesas.

La legión extranjera francesa jugó un papel principal en los combates contra el Vietminh. En la imagen, un sospechoso comunista encontrado en la selva está siendo interrogado por una patrulla en 1954.

La base aeroterrestre estaba dominada por colinas escarpadas y densamente cubiertas de vegetación, que no se pudieron incorporar al sistema defensivo francés por falta de unidades para ocuparlas. Por otra parte, Navarre no disponía de suficientes medios aéreos; además, al encontrarse muy lejos de sus bases, no se pudo asegurar el necesario apoyo aéreo a los combatientes de tierra. Las dos pistas que se construyeron eran todavía demasiado cortas cuando empezó la batalla.

LA REACCIÓN DEL «VIETMINH»

El general Giap concentró alrededor de la base los efectivos de cuatro divisiones del *Vietminh*, con más de 30.000 combatientes, frente a los 10.000 defensores. Nunca se creyó que el *Vietminh* pudiera emplazar su artillería contra Diên-Biên-Phu, ni mucho menos que pudiera

Vought AU-1 Corsair *en la cubierta del portaaviones americano USS* Saipan *(CVL-48) en el mar del sur de China en 1954. Los Corsarios fueron extraídos del Escuadrón de Ataque de Marina VMA-324 y trasladados en avión desde el* Saipan *a Tourane (Da Nang), en Vietnam, donde se entregaron a la marina francesa.*

mantener el suministro de municiones para continuar una batalla, pero los norvietnamitas lo consiguieron con un inmenso ejército de porteadores civiles, que trabajaron sin cesar durante meses, y creando una carretera por la que circulaban los camiones sin ser descubiertos por la aviación francesa. Giap había decidido arrollar las posiciones más exteriores al norte de la gran pista de aterrizaje (de solo 1 km de longitud), inutilizar el aeródromo y destruir en el suelo cuantos aviones fuera posible, los de reconocimiento y transporte y, sobre todo, los 11 cazas *Bearcat* asignados como escalón permanente de apoyo aéreo.

Tanques ligeros M-24 americanos utilizados por el ejército francés en Vietnam.

Los cañones antiaéreos estaban desplegados sobre el terreno en posiciones camufladas. En cambio, la artillería de campaña se situó en pozos abiertos en las laderas de las montañas, desde donde podían disparar sobre Diên-Biên-Phu sin que se vieran sus fogonazos. Así era imposible el fuego de contrabatería de la artillería francesa.

INICIO DE LOS COMBATES (13 DE MARZO DE 1954)

Los combates comenzaron en marzo de 1954. Un durísimo bombardeo artillero destrozó todos los cazas menos tres, pese a que estaban rodeados por una muralla de sacos terreros para cada uno. La pista quedó tan dañada que solo se podía utilizar para los helicópteros, pero los franceses únicamente tenían cinco helicópteros en Indochina. Ya solo recibieron como refuerzo al 6.º batallón paracaidista de choque, mandado por el comandante Bigeard. Las dos primeras posiciones en caer fueron *Gabrielle* y *Beatrice*, que eran las más expuestas. Una vez que cayeron estas dos, los guerrilleros del *Vietminh* podían acercarse hasta el borde de la pista de aterrizaje y disparar contra las posiciones francesas con morteros y armas ligeras.

La Operación «Atlante». Mientras se preparaban los combates de Diên-Biên-Phu, los franceses realizaron una gran operación de limpieza y rastreo en la zona central de Vietnam denominada *Atlante*, que obligó a emplear intensamente sus reservas móviles. Entonces el general Giap atacó en muchos sitios: infiltró tropas cerca de Vinh en el delta del río Rojo, ocupó Thaket en el río Mekong y cortó la comunicación entre el norte y el sur de Laos. Con esto obligó al mando francés a comprometer todas sus reservas móviles.

Poco a poco los guerrilleros fueron tomando las diversas posiciones, ayudados por la deserción de dos batallones de voluntarios Thaï. Solo los contraataques de los legionarios y paracaidistas, en los que se distinguieron el teniente coronel Langlais y el comandante Bigeard (que fueron ascendidos durante los combates a coronel y teniente coronel, respectivamente), permitieron recuperar o mantener alguna de las posiciones, como *Huguette* o *Eliane*, y causaron más de 3.000 muertos a Giap en un solo combate. Giap tuvo que hacer una pausa. Los franceses contaron con unos 3.500 voluntarios, que se lanzaron formando unidades enteras o para reponer bajas en las unidades combatientes.

Finalmente, en mayo, Giap lanzó su último ataque, que sumergió bajo el número a las defensas francesas. Todas las tropas francesas, después de haberse defendido con valor y tenacidad, acabaron por ser derrotadas y caer prisioneras. El mando francés, que esperaba contar con un apoyo de la aviación de Estados Unidos, no fue capaz de socorrer a la guarnición. El 7 de mayo las últimas posiciones francesas cayeron en manos del *Vietminh*. Esta derrota fue fatal para el cuerpo expedicionario francés, aunque solo un 5% de sus efectivos cayó en Diên-Biên-Phu, pero se trataba de las mejores tropas.

LOS PLANES PARA SALVAR DIÊN-BIÊN-PHU

El Estado Mayor francés en Hanoi estudió hasta tres planes alternativos para intentar salvar a la guarnición de Diên-Biên-Phu. Se llamaban *Vautour, Condor* y *Albatros*. El plan *Vautour* (Buitre) se basaba en una posible intervención americana con 100 B-29 *Superfortress* que despegarían de Filipinas y Okinawa y bombardearían durante varias noches los alrededores

Un Douglas A-26C-50-DT Invader estadounidense que prestó servicios en el Ejército del Aire francés desde marzo de 1952 hasta noviembre de 1955 en la guerra de Indochina. De 1950 a 1954, la USAF prestó transporte y aviones de ataque a los franceses y también envió a unos 200 mecánicos para su mantenimiento.

del campo y los depósitos de municiones del *Vietminh*. Al parecer, el general Eisenhower, presidente de Estados Unidos, estaba dispuesto a aceptarlo, pero Winston Churchill, que había vuelto a ser primer ministro británico, se opuso.

Por su parte, el plan *Condor* se basaba en una columna de socorro, que saldría de Laos, dirigida por el coronel Crévecoeur, formada por cuatro batallones regulares, uno de ellos de la Legión. Fue el único que se llevó a cabo. La primera parte del plan (fijar al enemigo y desorganizar su retaguardia) se cumplió, pero cuando la fuerza de Crévecoeur llegó a solo 15 km de *Isabelle*, recibió órdenes de esperar el momento propicio para ayudar a los defensores, y este momento no llegó nunca. Solo pudieron asistir sin actuar a los últimos combates de la guarnición. Y la última tentativa estudiada, bautizada Operación *Albatros*, consistía en que la guarnición intentase una ruptura de la línea enemiga con todas las tropas válidas, utilizando los heridos y los enfermos para fijar al enemigo. Este proyecto

era irrealizable y solo la guarnición de *Isabelle* pudo intentarlo en el momento del alto el fuego con poco éxito y sin enlace con las unidades de *Condor*.

LOS ACUERDOS DE GINEBRA (JULIO DE 1954)

Las delegaciones de ambos bandos se habían empezado a reunir en Ginebra mientras se desarrollaba la batalla de Diên-Biên-Phu. Después de la caída de la posición, Francia no tuvo más remedio que llegar a un acuerdo, que se firmó el 21 de julio de 1954. Sus términos principales eran los siguientes:

1.º. Vietnam se divide provisionalmente en dos regiones, con la frontera a la altura del paralelo 17° N, que constituía una línea de demarcación provisional.

2.º. Se prepararán elecciones generales y libres, que tendrán lugar en julio de 1956, a fin de decidir el futuro del país.

CAMBIO DE LA SITUACIÓN POLÍTICA EN VIETNAM DEL SUR

Mientras que en Vietnam del Norte Ho Chi Minh recuperaba el poder, en el Sur aparecía un vacío de poder, pues Bao Dai, exiliado en Cannes (Francia), ya no gobernaba. Aprovechando esta situación, Ngo Dinh Diem, un político que había sido ministro del Interior, perteneciente a una familia muy influyente, se instaló en el gobierno en junio de 1954 apoyado por Estados Unidos. Trató de erradicar la influencia francesa en todo el país y depuró la administración y el Ejército survietnamitas de todo el personal profrancés. Completó su obra mediante un referéndum en el cual propuso al pueblo que escogiera entre él y Bao Dai; ganó el plebiscito con un 98% de los sufragios. Fortalecido por esta victoria, Diem pudo exigir la salida de las tropas francesas en 1956, ya que Francia las necesitaba en Argelia, que había iniciado su rebelión. Con esto acabó un siglo de presencia francesa en Indochina.

La Operación «D». Un último intento de socorro que llegó demasiado tarde fue la Operación D. A finales de abril el general Henri Navarre decidió lanzar una operación de rescate de la guarnición de Diên-Biên-Phu, bautizada Operación D (por *desperado*), que realizaría el Grupo Móvil GMI *Malo*. Consistía en organizar desde las bases de Laos una columna de socorro de unos 2.000 hombres, constituida esencialmente de guerrilleros de la tribu Méo (o Hmong), que intentarían una ruptura del cerco para permitir la evacuación de las tropas francesas. La Operación D comenzó el 28 de abril de 1954. Pero ya era demasiado tarde. La columna de socorro llegó a las inmediaciones de Diên-Biên-Phu poco después de la caída de las últimas posiciones. Solamente pudo salvar a unos 150 supervivientes de la guarnición que habían conseguido evadirse hasta la jungla.

Refugiados vietnamitas embarcando desde Haiphong, en Vietnam del Norte, hacia Saigón, en Vietnam del Sur, durante la Operación Pasaje a la Libertad en octubre de 1954, en la que se evacuó a más de 293.000 refugiados procedentes de la recién creada república comunista de Vietnam del Norte a la democrática Vietnam del Sur.

Conferencia de Ginebra el 21 de julio de 1954, donde se negoció el futuro de las naciones de la antigua Indochina francesa.

Refugiados procedentes de Indochina llegando a Francia a bordo del USS Montague en 1954.

Ho Chi Minh en 1921, durante un Congreso comunista celebrado en Marsella (Francia). Biblioteca Nacional de Francia.

La Guerra de **Vietnam**

Con la salida de las tropas francesas de Indochina, la intolerancia entre los regímenes del Norte y del Sur se acentuó, lo cual hizo que las elecciones generales previstas para 1956 se retrasasen *sine die*. Entonces comenzó una guerra larvada. Diem persiguió a los militantes comunistas en Vietnam del Sur y en 1959 creó un Comité para la Liberación del Norte. Sus adversarios se tuvieron que dedicar a las guerrillas y a finales de 1960 formaron un movimiento estructurado, el *Vietcong* o Frente Nacional de Liberación (FLN).

A esto hay que sumar que Vietnam del Norte también adoptó una posición ofensiva: el 3.er Congreso del Partido de los Trabajadores decidió que la liberación del Sur se había convertido en «una tarea tan importante como la construcción del socialismo en el Norte». La ayuda al *Vietcong* no cesó de aumentar hasta la derrota definitiva de Vietnam del Sur.

LA INTERVENCIÓN NORTEAMERICANA

Mediante la persuasión o el terror, el *Vietcong* llegó a controlar el 80% del territorio rural de Vietnam del Sur; contaba con unos 10.000 guerrilleros. El gobierno de Estados Unidos, muy consciente de la importancia estratégica que tenía este país, puso al servicio del presidente Diem su inmensa potencia, suministrándole un armamento y un equipo cada vez más perfeccionado y enviando instructores militares para formar a los soldados vietnamitas.

El razonamiento era muy sencillo: «Mejor detener al comunismo en la jungla del Vietnam que en las costas de San Francisco». A finales de 1961 John F. Kennedy, presidente de Estados Unidos, envió un cuerpo expedicionario, cuyos efectivos crecieron hasta los 500.000 militares en 1966 bajo el presidente Lyndon B. Johnson. Además, la aviación estadounidense bombardeó sin cesar a las guerrillas del Sur y, a partir del incidente del golfo del Tonquín (2 de agosto de 1964), en el que dos destructores estadounidenses fueron alcanzados por los disparos de unas lanchas costeras norvietnamitas, se empezaron a bombardear los puertos y ferrocarriles a lo largo de todo el territorio de Vietnam del Norte.

LA ESTRATEGIA ESTADOUNIDENSE DE LA ESCALADA

La estrategia estadounidense se basó en el concepto de la escalada, aumentando progresivamente las fuerzas y las acciones en la zona hasta que la presión fuera insoportable para el *Vietcong* y para el gobierno de Ho Chi Minh.

> La guerra de Vietnam fue un enfrentamiento entre las potencias comunistas (Vietnam del Norte respaldado por China y Rusia) y Estados Unidos

Esto llevó a necesitar cada vez más tropas terrestres en Vietnam del Sur y a enviar cada vez más aviones a atacar a Vietnam del Norte.

Las tropas terrestres empleaban la táctica de buscar y destruir, localizando las unidades del *Vietcong* que actuaban en una región o provincia, separándolas de la población civil y destruyéndolas luego en un combate convencional aprovechando la superior potencia de fuego estadounidense. En general se puede afirmar que todas estas acciones tuvieron éxito.

Mujeres y niños cargados con sus pocas pertenencias pasan con rostros que reflejan el miedo y el horror, ante los cadáveres de tres combatientes del Vietcong siguiendo las órdenes de los soldados de Vietnam del Sur.

Blindados norteamericanos estacionados en Vietnam en posición de defensa. Los americanos esperaban encontrar el Cuartel General enemigo en Camboya y poder usar todo su poderío armamentístico en una batalla campal.

LA OFENSIVA DEL TÊT

El 30 de enero de 1968, cuando el general West-moreland, comandante en jefe de las fuerzas estadounidenses en Vietnam, anunciaba el éxito de la pacificación, el *Vietcong* inició de madrugada un ataque general en todo el país. Fue la famosa ofensiva del Têt. Todas las grandes ciudades del sur fueron atacadas; en Saigón, hasta la embajada americana fue asaltada. Los estadounidenses reaccionaron una vez que pasó el efecto de la sorpresa, pero el *Vietcong* había demostrado que su control de Vietnam del Sur era muy precario. Las imágenes de la ofensiva del Têt aparecieron en la televisión de todos los hogares estadounidenses y coincidieron con la explosión de los movimientos de protesta estudiantiles en Estados Unidos y en todo el mundo que pedía un cese del conflicto bélico iniciado en el país asiático.

Un B-66 Destroyer *controla mediante su radar de a bordo el bombardeo que realizan los pilotos de dos F-105* Thunderchief *a través de las nubes sobre un objetivo militar en Vietnam del Norte el 14 de junio de 1966.*

LA DEFENSA DE KHE SAN (1968)

Además de la actuación de los guerrilleros en la ofensiva del Têt, las fuerzas regulares de Vietnam del Norte atacaron la base estadounidense de Khe San, en el noroeste de Vietnam del Sur, próxima a la frontera con el Norte y a la zona desmilitarizada. Las dos divisiones norvietnamitas con toda su artillería tomaron posiciones alrededor de la base y la bombardearon con proyectiles de grueso calibre, dejando fuera de servicio la pista de aterrizaje y alcanzando el depósito principal de municiones de la base, que voló completamente por los aires.

El general Westmoreland decidió emplear todos los medios disponibles; se abasteció la base con helicópteros y con cargas lanzadas en paracaídas con sistemas de extracción a baja cota. Durante 77 días pareció que se iba a repetir el caso de Dien Bien Phu. Pero Westmoreland no dudó en emplear todas las fuerzas disponibles, atacó las posiciones del *Vietminh* con aviones, helicópteros y artillería y reforzó a los 6.000 marines que había en la base. Varios batallones salieron de la base para tomar las colinas que la dominaban una por una para ir controlando la situación.

Como media diaria, las tropas estadounidenses estuvieron apoyadas por 350 salidas de aviones tácticos, 60 bombardeos B-52 y 30 vuelos de reconocimiento. Se dice que se arrojaron más de 37.000 toneladas de bombas sobre los norvietnamitas. Finalmente, el general Giap se dio por vencido y retiró sus tropas, dejando miles de muertos, aunque, por otra parte, había logrado tomar la base de los boinas verdes en Lang Vei.

LA PÉRDIDA DE LA BASE DE LOS BOINAS VERDES EN LANG VEI

A solo unos kilómetros de Khe San estaba el campamento base de las Fuerzas Especiales (boinas verdes) en Lang Vei. Sus ocupantes sabían que podían ser atacados y estuvieron pre-

Un B-52 Stratofortress
*(de la 3.ª División
Aérea, 33.ª Ala de
Bombardeo) lanza una
sucesión de bombas
sobre blancos
vietnamitas el 31 de
marzo de 1967.*

LA CAÍDA DEL PRESIDENTE DIEM

Al mismo tiempo que tenía lugar la ofensiva del Têt, la situación política se deterioró en Vietnam del Sur. El presidente Diem, que trató de favorecer a los católicos, se enfrentó a la oposición budista, que logró la caída del régimen. El 1 de noviembre de 1963 un grupo de generales survietnamitas tomó el poder y ejecutó a Diem. El gobierno pasó de un general a otro: Nguyen Khanh, Kim, Minh, Cao Ky, Thieu… Cuando algunos proponían una solución política, como el general De Gaulle en Phnom Penh en 1966, nadie les escuchaba.

parándose y reforzando las defensas. Pero todo resultó inútil. Los norvietnamitas atacaron de madrugada y los carros de combate que habían conseguido mover por la jungla sin que la aviación de reconocimiento americana los descubriera dejaron asombrados a los estadounidenses, que podían esperarse cualquier cosa menos armas pesadas en un terreno tan complicado como aquel.

Las Fuerzas Especiales se defendieron valientemente con los pocos cañones sin retroceso de que disponían. Pidieron apoyo artillero y aéreo por radio. Tuvieron varias bajas mientras lograban destruir algunos blindados; pero finalmente toda la posición cayó y el masivo ataque de aviación, artillería y helicópteros artillados no llegó a tiempo para evitar el desastre para las fuerzas estadounidenses.

FRACASO DE LA CAMPAÑA «ROLLING THUNDER» DE BOMBARDEO

La campaña de bombardeos de Vietnam del Norte fue contraproducente. Vietnam del Norte no tenía grandes objetivos estratégicos: ni industria pesada, ni una importante red de comunicaciones. Además, muchos de los objetivos no se podían atacar porque estaban junto a ciudades u objetivos civiles. Para realizar ataques de precisión contra estaciones de tren y objetivos de tamaño no muy grande, se emplearon cazabombarderos F-105 o F-4, mientras que para atacar lugares tácticos en Vietnam del Sur se emplearon los grandes bombarderos B-52; parecía el mundo al revés.

La Operación *Rolling Thunder*, que pretendía desmoralizar a la población civil norvietnamita, casi se puede decir que la vacunó contra el miedo a los bombardeos aéreos porque en se-

**LA OPINIÓN DEL GENERAL FRANCO
SOBRE HO CHI MINH**

En 1965 el presidente de Estados Unidos, Lyndon B. Johnson, se dirigió a los jefes de estado aliados pidiéndoles apoyo en la lucha contra el comunismo que se estaba llevando a cabo en Vietnam. En agosto de 1965 el general español Francisco Franco le contestó al presidente Johnson, dándole su opinión sobre la guerra de Vietnam, en una carta que se conserva todavía en los archivos del Departamento de Estado en Washington, en los Estados Unidos:

«Mi querido presidente: le agradezco el sincero enjuiciamiento que me envía de la situación en Vietnam del Sur… Política y militarmente su guerra la tienen perdida debido a que el comunismo social agrada al pueblo vietnamita más que su sistema liberal occidental… No conozco a Ho Chi Minh, pero por su historia y su empeño en expulsar a los japoneses primero, a los chinos después y a los franceses más tarde, hemos de conferirle un crédito de patriota al que no puede dejar indiferente el aniquilamiento de su país. Y dejando ahora su carácter de duro adversario, podría ser, sin duda, el hombre de esta hora, el que Vietnam necesita… He deseado, mi querido presidente, haceros estas reflexiones confidenciales en el lenguaje directo de la amistad. Aunque sé que muchas están en vuestro ánimo, le expongo lealmente mi juicio con el propósito de ayudar al mejor servicio de la paz y del futuro de los pueblos asiáticos».

guida comprendió que los bombardeos norteamericanos no eran capaces de destruir sus abastecimientos, ya que el puerto de Haiphong estaba vetado por la cantidad de barcos rusos, chinos y de países del Pacto de Varsovia que allí había y a los que no se podía dañar.

Eso sí, durante esta operación, las fuerzas aéreas estadounidenses perfeccionaron su panoplia de armas y equipos, creando bombas inteligentes que atacaban a la antiaérea enemiga «cabalgando» sobre la emisión radar enemiga, equipos de contramedidas electrónicas cada vez más perfeccionados, misiles aire-tierra y aire-aire que alcanzaban su blanco con una mayor seguridad y equipos de designación de objetivo mediante láser.

Pero una aviación cada vez más eficaz era empleada de la forma menos razonable. Por otra parte, la defensa antiaérea de Hanoi y todo Vietnam del Norte aprendieron a luchar contra las ECM y tácticas de la aviación estadounidense. Además, los norvietnamitas sacaron partido político de las fotos de los destrozos denominados «daños colaterales» mostrando que los ataques americanos causaban numerosas víctimas civiles. En resumen, las fuerzas aéreas estadounidenses perdieron más de 1.000 aviones en tres años sin obtener prácticamente nada a cambio, por lo que debían revisar seriamente la estrategia a seguir.

El presidente de los Estados Unidos, Johnson, aprendió la lección. A fines de marzo de 1968 anunció la interrupción parcial de los bombardeos de Vietnam del Norte; luego, en noviembre del mismo año, comunicó la finalización de los bombardeos. Mientras tanto, en mayo de 1968 se habían iniciado en París las negociaciones de paz entre ambos bandos para buscar una solución lo más satisfactoria posible y que el conflicto quedase definitivamente zanjado.

LA POLÍTICA DEL PRESIDENTE NIXON

Además de continuar los esfuerzos de su predecesor para conseguir la paz, el presidente Richard Nixon puso a punto una nueva política: la vietnamización. Estados Unidos retiró poco a

Impactante fotografía en la que un prisionero del Vietcong es interrogado de un modo violento por las fuerzas especiales norteamericanas en Da Nang.

Un infante de marina estadounidense traslada a un presunto activista del Vietcong durante una operación de búsqueda al oeste de Da Nang.

Póster de protesta contra la guerra de Vietnam conservado en el Museo de los Restos, en Saigón, Vietnam.

poco su cuerpo expedicionario, aunque mantuvo su aviación de bombardeo en estado de alerta. En compensación, se comprometió a suministrar al Ejército survietnamita todo el equipo y

El cambio de la esencia bélica a partir de la guerra de Indochina. En Indochina se produjo una transformación muy profunda del arte militar. Algo cambió y dejó su impronta en las guerras posteriores. El estilo de guerra iniciado con la Revolución francesa y Napoleón, que había llegado sin grandes cambios hasta la Segunda Guerra Mundial, sufrió un cambio radical, no en los medios, sino en la esencia de la guerra como fenómeno social. Y esto también afectó a la guerra de Vietnam.

los instructores necesarios. Durante algún tiempo reinó la calma en la zona, pero la situación se degradó rápidamente porque el conflicto no se daba por terminado.

En octubre de 1971, después de la retirada de los generales Nguyen Cao Ky y Duong Van Minh, el general Nguyen Van Thieu ganó las elecciones generales con un 95% de los votos. El *Vietcong*, que había declarado que la salida de Thieu era imprescindible para la paz, aumentó su intransigencia al ver cómo ganaban las elecciones. El 30 de marzo de 1972, cuatro años después de la ofensiva del Têt, los guerrilleros del *Vietcong* trataron de repetirla, pero se enfrentaron a una resistencia encarnizada de las tropas survietnamitas, apoyadas por la aviación estadounidense. Por su parte, el presidente Nixon ordenó el minado de los puertos y costas de Vietnam del Norte para dificultar el abastecimiento del país.

De nuevo, como en 1968, la situación militar llegó a un callejón sin salida y a la necesidad de reiniciar las conversaciones de paz. Las entrevistas secretas en París entre los emisarios norteamericanos y vietnamitas se multiplicaron y las espectaculares visitas de Nixon a China y a la Unión Soviética parecían favorecer un compromiso. Pero las conversaciones se eternizaron y el presidente Nixon decidió reiniciar los bombardeos del Norte a lo largo del mes de diciembre de 1972. Esta vez, la repetición de los bombardeos sobre un país que no había sido bombardeado en cinco años sí afectó a su moral. Después de estos últimos coletazos de la guerra abierta, el día 23 de enero de 1973 entraron en vigor los nuevos acuerdos de alto el fuego.

LA CAÍDA FINAL DE VIETNAM DEL SUR EN MANOS DE LOS COMUNISTAS (ABRIL 1975)

Pero, tras los acuerdos, los norteamericanos se retiraron y los guerrilleros del *Vietcong* permanecieron en el terreno. En 1974 las tropas del *Vietcong* reiniciaron su ofensiva, apoyadas cada vez más abiertamente por las tropas regulares de Vietnam del Norte dirigidas por el general

En marzo de 1963, 840 paracaidistas survietnamitas saltan desde los aviones de la US Air Force C-123 en un ataque contra el Vietcong en la provincia de Tay Ninh, en Vietnam del Sur.

Giap. En abril de 1975 las tropas de Vietnam del Sur se deshicieron y los tanques norvietnamitas llegaron a Saigón, finalizando con la separación en dos estados.

LA TESIS DEL GENERAL DAVID PETRAEUS (1987)

El general David Petraeus, general en jefe de las fuerzas de Estados Unidos en Irak en 2007 y doctor en relaciones internacionales por la

Hilera de carros de combate y transportes blindados tipo M113 ACAV de la 25.ª división de infantería de EE. UU. Puede observarse en primer plano cómo los sacos de arena coronaban el vehículo con la finalidad de hacerlo más seguro.

Universidad de Princeton, es el autor de una tesis de 328 páginas sobre la guerra del Vietnam, editada en 1987. Los analistas de 2007 consideraron que la tesis no tenía desperdicio alguno. He aquí algunas de sus conclusiones más destacadas:

• **Lecciones.** Los militares de Estados Unidos pagaron caro Vietnam. Dejó a los líderes mili- tares confundidos, consternados y desanima- dos. Pero lo peor es que devastó a las Fuerzas Armadas, robándoles dignidad, dinero y gente cualificada durante una década… Todos los oficiales generales de Estados Unidos compar- ten una reacción similar hacia la guerra de Vietnam: el deseo compartido de no repetir esa experiencia que se había vivido.

El alto el fuego. La firma de los acuerdos de paz implicaba esencialmente el alto el fuego inmediato, la retirada de las fuerzas de los Estados Unidos del territorio vietnamita en solo dos meses, el intercambio de prisioneros por ambas partes y la celebración de elecciones libres en el territorio de Vietnam del Sur.

La lucha continúa. El enfrentamiento entre Vietnam del Norte y del Sur no parecía que se fuera a detener a pesar de los acuerdos de paz. Para ello bastan las siguientes palabras dichas por un survietnamita al respecto: «La que ha terminado es la guerra de los estadounidenses, pero la nuestra sigue y nadie sabe ni cuándo ni cómo terminará».

que el pueblo americano retire su respaldo, como así sucedió en Vietnam.

• **Insurgencia y contrainsurgencia.** La guerra de Vietnam ha plantado en las mentes de muchos militares dudas sobre la capacidad de las fuerzas de Estados Unidos para realizar con éxito misiones de contrainsurgencia a gran escala. Como dice un oficial, «nuestro ejército de tierra no tiene la mentalidad para operaciones de combate donde el aspecto clave es la mente, y no nos tomamos tiempo para entender la naturaleza de la sociedad en la que estamos luchando, el gobierno que estamos respaldando o el enemigo contra el que estamos luchando».

• **Liderazgo civil.** Aunque las Fuerzas Armadas de Estados Unidos aceptan claramente el control civil sobre los militares, como establece la Constitución, desde la era de Vietnam permanecen reiteradas dudas sobre las capacidades y motivaciones de los políticos y los altos cargos.

Vietnam fue un doloroso recordatorio para los militares de que ellos, y no los ocupantes temporales de puestos políticos, son los que generalmente asumen la carga más pesada durante un conflicto armado.

• **Guerra y opinión pública.** Vietnam fue un recordatorio extremadamente doloroso de que, en lo referente a una intervención militar, el tiempo y la paciencia no son virtudes americanas en cantidad abundante… Partiendo de que el tiempo es un factor crucial, se debe utilizar suficiente fuerza desde el principio para garantizar que el conflicto se podrá resolver antes de

49

La Guerra de **Argelia**

Durante la Segunda Guerra Mundial los argelinos, tanto musulmanes como cristianos, formaron parte de las unidades del ejército de la Francia Libre que, integradas en las fuerzas aliadas, ayudaron a liberar Francia y penetraron en el territorio de Alemania. Además de que Argelia era un lugar con gran atracción para miles de militares franceses, después de más de un siglo de presencia francesa no existía ni un líder carismático tipo Ho Chi Minh ni una organización tipo *Vietminh* que pudiera hacer frente a Francia.

Los argelinos musulmanes eran una mezcla de diversas etnias, que hablaban diferentes dialectos y solo tenían en común la religión. Por su parte, los argelinos cristianos (los llamados *pied noirs*) eran de origen europeo y, aunque podían llevar ya dos o tres generaciones en Argelia, se sentían más franceses que argelinos.

DESPERTAR DEL NACIONALISMO ARGELINO

La derrota de Francia al inicio de la Segunda Guerra Mundial, la llegada de los aliados y, finalmente, la derrota de Indochina despertaron los sentimientos de los nacionalistas moderados de Argelia, que se sentían ciudadanos de segunda en su propio país. En el año 1945 se había producido un incidente sangriento en la ciudad de Sétif, que fue el desencadenante de una matanza de argelinos musulmanes.

INICIO DEL FRENTE NACIONAL DE LIBERACIÓN ARGELINO (FLN) EN 1954

En 1947 Ahmed Ben Bella, un antiguo suboficial del Ejército francés, veterano de guerra condecorado, organizó el primer movimiento militar secreto argelino. Cuando los activistas musulmanes empezaron a actuar, la policía francesa le detuvo; consiguió escapar y se exilió en El Cairo, donde fundó una nueva asociación: el Frente Nacional de Liberación argelino (FLN).

Unos años más tarde, en 1954, se distribuyó su organización en *wilayas* (regiones) y empezaron a actuar. Disponían de unos 2.000 o 3.000 hombres y atacaron 30 objetivos en las montañas del Aurés, al este de Argelia. El Ejército francés situado en Argelia, que contaba con 50.000 hombres, reaccionó inmediatamente, pero no pudo capturar a los insurgentes. Pero la consecuencia que tuvo más trascendencia fue que la actuación de la policía francesa resultó extremadamente brutal e hizo que muchos nacionalistas moderados se pasaran al bando rebelde. El germen nacionalista en Argelia comenzaba a cobrar intensidad.

> El crecimiento del sentimiento anticolonialista argelino y la derrota francesa en Indochina aceleraron la guerra de independencia de Argelia

La situación degeneró y el FLN cada vez contó con más activistas, los cuales iban mejor armados. Consiguió que la situación se encarnizase; en esos momentos sucedía que para los europeos cualquier musulmán podía ser un asesino y para los musulmanes cualquier europeo era un posible enemigo. Pronto se dio

Explosión de una bomba de la organización terrorista OAS (Organización del Ejército Secreto) en el distrito de Bab-elOued, en Argel, el 1 de enero de 1962.

LA IMPLICACIÓN DEL EJÉRCITO FRANCÉS EN LA DEFENSA DE LA ARGELIA FRANCESA

Cuando el 22 de enero de 1957 el FLN intentó organizar una huelga general en la ciudad de Argel, se le dio orden a la 10.ª división paracaidista, mandada por el general Massu, de hacer fracasar dicha huelga. Los paracaidistas dividieron Argel en cuatro sectores antes de iniciar el ataque.

Cada regimiento se encargó de su sector. Se empezó a detener sospechosos, a los que se interrogaba hábilmente llegando hasta la tortura para localizar las cabezas de la organización en Argel.

La situación degeneró irremediablemente y el 13 de mayo de 1958 la muchedumbre de los *pied noirs* tomó el gobierno general de Argel, apoyada por las autoridades militares. Los *pied noirs*, que significa en francés «pies negros», eran los argelinos de origen europeo, generalmente católicos. En la actualidad este término es aplicado en Francia a cualquier repatriado de Argelia, sin tener en cuenta sus creencias. Finalmente, esto llevó a la vuelta al poder del general Charles de Gaulle, la reforma de la Constitución francesa, la desaparición de la IV República y la instauración de la V República francesa.

LA INDEPENDENCIA DE ARGELIA (1962)

Pero el general De Gaulle no estaba dispuesto a embarcar a Francia en una segunda guerra como la de Indochina, y aunque los cuatro generales con mando en Argelia (Salan, Jouhaud, Challe y Zeller) se sublevaron, no lograron arrastrar al Ejército metropolitano, por lo que finalmente el pronunciamiento fracasó.

comienzo a una guerra de guerrillas parecida a la guerra de Indochina, en la que Francia tenía experiencia.

Se reforzó el Ejército francés en Argelia y aparecieron los veteranos de Indochina, que consideraban que se trataba de la misma guerra y estaban preparados para ser más eficaces que las tropas de la guarnición tradicional existentes en Argelia. Las nuevas unidades empezaron a tener más éxitos frente a los rebeldes.

Los franceses de Argelia organizaron un movimiento clandestino denominado OAS (Organización del Ejército Secreto), pero todo fue inútil. Francia concedió la independencia a Argelia el 18 de marzo de 1962. El acuerdo se aprobó por referéndum en Argelia y los *pied noirs* tuvieron que emigrar a Francia, España o América.

Peor fue la suerte de los *harkis*, como se denominaba a los militares musulmanes que habían seguido fieles a los franceses: no tenían adónde ir y tampoco se les dejó escapar; de 250.000, solo sobrevivieron unos 15.000. Los militares habían ganado las batallas porque habí-

Arriba, soldado muerto en las fronteras del este de Argelia, junto a una alambrada electrificada. Abajo, comandos de caza del 4.º regimiento de zuavos, compuestos en su mayoría por colonos europeos.

an aprendido de la derrota de Indochina más que los vencedores, pero volvieron a perder la guerra.

Argelia permaneció bajo dominio francés desde 1830 hasta 1962. Estaba asimilada dentro de la organización de departamentos franceses y ha sido la colonia que más tiempo ha permanecido bajo el control francés.

Después de todo el conflicto, las cifras finales fueron: 15.600 muertos franceses; 185.000 argelinos leales, y por parte de la OAS (Organización del Ejército Secreto) fueron 100 muertos y 2.000 capturados.

LOS ACUERDOS DE EVIAN

Las negociaciones llevadas a cabo por los representantes de Francia y los del gobierno provisional de la República Argelina (GPRA) recibieron el nombre oficial de «Declaración general de las dos delegaciones de 18 de marzo de 1962». Pero se popularizó el término dado por la prensa del momento: «Acuerdos de Evian». En ellos se fijó el alto el fuego para el día siguiente, el 19 de marzo; se estableció el periodo de transición hasta celebrar el referéndum de autodeterminación; y se comprometieron a liberar presos en los siguientes 20 días, así como la amnistía general.

Desfile de la 13.ª División Blindada Leclerc atravesando las ruinas romanas de Lambaesis, Argelia, en 1958. Los legionarios llevan fusiles MAS 36 de 7,5 mm y los suboficiales, subfusiles MAT 49 de 9 mm.

Las Guerras
Árabe-Israelíes

Desde el final de la Primera Guerra Mundial el antiguo territorio de Palestina se había convertido en un mandato británico, donde convivían dos comunidades enfrentadas, la judía y la musulmana, organizadas de un modo muy diferente. Se trata de un enfrentamiento de difícil solución que ha provocado innumerables víctimas.

En el año 1946 la comunidad judía estaba gobernada por una especie de gobierno democrático, cuyo primer presidente fue David Ben Gurión. Por su parte, los musulmanes estaban bajo el gobierno teocrático del Gran Mufti de Jerusalén, Hadj Amin el Husseini.

LA GUERRA DE 1947

Al acabar la Segunda Guerra Mundial, un buen número de israelíes se había asentado en Palestina, sobre todo desde que se convirtió en un mandato británico en 1919. Además, el gobierno británico respaldó oficialmente el deseo de los judíos de crear en la zona un estado judío, pese a las crecientes protestas árabes. La población árabe de Palestina y los gobiernos de los estados circundantes, Jordania, Líbano, Siria y Egipto, vieron con muy malos ojos la llegada masiva de colonos judíos. En 1946 Gran Bretaña anunció que renunciaría a su mandato y Naciones Unidas empezó a preparar un plan de reparto del territorio entre árabes y judíos. Pero la guerra estalló antes de que se pudiera comenzar con el plan.

LOS COMBATES DE 1947

Los judíos demostraron que estaban mucho mejor organizados y su ejército clandestino (*Haganah*) venció sucesivamente a los palestinos, sirios, libaneses y egipcios. La única fuerza árabe bien organizada y entrenada era la Legión Árabe, al servicio del reino de Jordania y mandada por el coronel británico Glubb Pachá. Fue la única fuerza que impidió que los judíos se hicieran con el total de la ciudad de Jerusalén. Finalmente, con la aprobación de Naciones Unidas, los judíos establecieron el estado de Israel en los territorios conquistados en esta guerra. Las naciones árabes aceptaron un alto el fuego, pero no firmaron ningún tratado de paz. La mayoría de la población árabe palestina huyó a las zonas no ocupadas o a los países vecinos y creó un problema que todavía está sin resolver.

LA EVOLUCIÓN DESPUÉS DE LA GUERRA

La situación se agravó con la llegada al poder de algunos líderes árabes nacionalistas, que derrocaron a las dinastías árabes más tradicionales y conformistas.

> El conflicto árabe-israelí continúa en nuestros días y aún no se ha encontrado una solución pacífica a los intereses de ambos pueblos

El ejemplo más representativo es el del coronel egipcio Gamal Abdel Nasser, que alcanzó el poder tras un primer golpe de estado contra el rey Faruk dirigido por el general Naguib, y un segundo golpe de estado en 1952 contra el propio Naguib. Nasser era furiosamente nacionalista, antiisraelí y antibritánico. En 1956 nacionalizó el canal de Suez y prohibió a los israelíes navegar por el estrecho de Tirán, impidiéndoles así utilizar el puerto de Eilat en el golfo de Aqaba, que era esencial para ellos. Cuando en 1957 fracasó un intento anglo-francés de recuperar el canal por la fuerza, Nasser salió reforzado y reafirmó su liderazgo sobre los países árabes, tanto que permitió a Israel volver a navegar por el estrecho de Tirán.

LA GUERRA DE LOS SEIS DÍAS (JUNIO DE 1967)

Los nacionalistas árabes palestinos perpetraban agresiones constantes en Israel y el estado israelí reaccionaba cada vez con más dureza. Además, siempre que había un incidente fronterizo con Siria o Jordania, la respuesta israelí era desmedidamente dura. Entonces Nasser, que deseaba afirmar su posición como líder del mundo árabe, volvió a cerrar el estrecho de Tirán a los israelíes en el año 1967 y exigió a las tropas de la ONU que se retirasen de Tirán y de sus posiciones en el Sinaí, siendo sustituidas por tropas egipcias, que controlarían y defenderían la zona. Disponía de unos 130 Mig-21 *Fishbed*, muy superiores a los *Super Mystère* israelíes, y acababa de recibir 30 bombarderos Tu-16 *Badger*, que serían muy peligrosos cuando sus tripulaciones estuvieran operativas y pudieran efectuar ataques estratégicos sobre Israel. Todos los intentos diplomáti-

Vista general de un campamento de refugiados judíos en Israel en 1950.

Arriba, soldados israelíes reciben cartas y paquetes de sus familiares en junio de 1967 durante la Guerra de los Seis Días. Abajo, fuerzas israelíes de reconocimiento de la unidad Shaked en el Sinaí durante la Guerra de los Seis Días.

EL EJÉRCITO DE TIERRA ISRAELÍ

El ejército de tierra israelí en tiempo de paz contaba con 2.000 oficiales y suboficiales profesionales y 72.000 reclutas y reservistas en instrucción, pero se podían movilizar hasta 264.000 hombres en tres días. Cuando se llevaba a cabo la movilización total se pasaba de siete brigadas (cuatro de infantería motorizada, dos acorazadas y una paracaidista) a 31 brigadas (22 de infantería motorizada, ocho acorazadas y una paracaidista). Cada brigada acorazada contaba con dos batallones de carros de combate y un batallón de infantería sobre vehículos semiorugas. En total, Israel contaba con 800 carros de combate: 250 *Centurion* británicos con cañones de 105 mm, 200 M-48 *General Patton II* americanos con cañones de 90 mm, 150 AMX-13 ligeros franceses con cañón de 75 mm y 200 M-4 *Super Sherman* modernizados con un motor más potente y un cañón de 76 mm. La fuerza aérea israelí (*Heyl Ha'Avir*) contaba con unos 350 aviones operativos, con tripulaciones muy bien adiestradas. Su fuerza de ataque eran 40 *Mirage III*, 20 cazabombarderos *Super Mystère*, unos 60 *Mystère IVA*, 48 cazabombarderos *Ouragan* (ya anticuados) y 60 Fouga *Magister*, reactores de enseñanza adaptados para lanzar bombas. Las bombas que se lanzaron en los ataques contra las pistas eran freno-aceleradas: cuando se lanzaban, un paracaídas las frenaba en su caída para dar tiempo a que el avión lanzador se separase y no fuera alcanzado por la explosión, y cuando la bomba estaba vertical, un cohete en su cola aceleraba la caída para que penetrase más profundamente.

LOS EJÉRCITOS ÁRABES

Las fuerzas armadas egipcias contaban con unos 240.000 hombres. El Ejército egipcio disponía de unos 1.200 carros de combate (de los cuales unos 300 eran T-54 y 200 T-55), 1.200 transportes blindados de personal, 200 cañones autopropulsados y más de 1.000 cañones tradicionales. Unos 450 aviones formaban su fuerza aérea: 130 Mig-21, 80 Mig-19, 180 Mig-17 y Mig-15, 20 Su-7, principalmente. Siria disponía de 65.000 hombres, con 550 tanques (en su mayoría T-34 y T-54) y 120 aviones (Mig-21, Mig-19 y Mig-17). Jordania tenía un buen ejército profesional con 58.000 soldados, 200 carros de combate M-47 y M-48, y solo 30 aviones *Hawker Hunter* y seis F-104 *Starfighters*. Irak, sin fronteras con Israel, pero dispuesto a colaborar o a servir de retaguardia estratégica, contaba con 75.000 soldados, 630 tanques y 200 aviones (principalmente Mig-21, Mig-17 y Mig-15).

cos de solucionar la crisis fallaron. Entonces los partidarios de la guerra preventiva en el gobierno israelí ganaron terreno y el famoso general Moshe Dayan, antiguo jefe del Estado Mayor israelí, fue nombrado ministro de Defensa.

EL ATAQUE AÉREO PREVENTIVO CONSIGUE LA SORPRESA TOTAL

El gobierno israelí decidió (por 15 votos contra dos) lanzar un ataque preventivo que anulase la capacidad militar árabe. Para realizarlo con éxito era necesario obtener la sorpresa absoluta y aniquilar rápidamente a las fuerzas aéreas de Egipto, Jordania y Siria, logrando rápidamente el dominio del aire. Se llevó a cabo con absoluta discreción un eficiente programa de movilización nacional y en la madrugada del 5 de junio de 1967 se realizó un ataque por sorpresa sobre todas las bases aéreas egipcias, incluidas las situadas en el alto Nilo, más allá de la presa de Asuán, como El Kharga y Lúxor. Los aviones israelíes despegaron hacia las 7:00 y a las 7:45, volando bajo para no ser detectados por los radares egipcios, atacaron simultáneamente 10 bases aéreas o aeropuertos en la zona del canal de Suez y del Sinaí.

El servicio de inteligencia israelí había informado perfectamente de la rutina diaria de las fuerzas egipcias, de modo que el ataque de la fuerza aérea israelí (*Heyl Ha'Avir*), mandada por el general Mordecai Hod, tuvo lugar después de que las fuerzas aéreas hubieran realizado la primera patrulla matutina y sorprendieran repostando a los aviones egipcios. Además, la neblina matinal se había desvanecido. Casi todos los mandos militares fueron sorprendidos en el atasco de tráfico, camino de su trabajo; el mariscal Ali Amer, comandante en jefe de las fuerzas armadas egipcias, estaba en vuelo hacia el Sinaí acompañado por el general Mahmud Sidky, jefe de la aviación. Otras dos oleadas de ataques se sucedieron con intervalos de 10 minutos. Los aviones de cada ola dieron una primera pasada de bombardeo y luego otras dos más ametrallan-

Tanque Centurion *israelí destruido tras la batalla de Karameh (Jordania) en marzo de 1968, entre Israel y la coalición de la OLP con Jordania. La batalla fue una consecuencia de la Guerra de los Seis Días.*

CONSECUENCIAS DE ESTA GUERRA

La Guerra de los Seis Días terminó con una victoria israelí increíble. Su ejército empezó a ser considerado de los mejores del mundo y su fuerza aérea, como la más operativa del planeta. Sobre todo se valoró su capacidad de planeamiento realizando algunos ataques con aviones de escuela modificados para llevar bombas o cohetes, así como la capacidad de recuperar un avión de combate y reabastecerle de combustible y armamento en siete minutos, cosa que asombró a todas las fuerzas aéreas del mundo. Su ejército permaneció desplegado a lo largo del canal de Suez y en los Altos del Golán.

Pero desde el punto de vista político, habían creado un peligroso precedente al atacar sin previa declaración de guerra, habían humillado públicamente a los árabes y, al ocupar Cisjordania, tenían dentro de sus fronteras una gran cantidad de palestinos, habitantes de los territorios ocupados, que se agruparon en la Organización para la Liberación de Palestina (OLP) a fin de coordinar sus esfuerzos para destruir al estado de Israel mediante el terrorismo, ya que habían perdido la fe en la acción conjunta de los estados árabes, que se habían mostrado tan poco eficientes en esta guerra. Al no devolver los territorios ocupados, pese a las resoluciones del Consejo de Seguridad de Naciones Unidas, los israelíes perdieron gran parte del apoyo del que habían gozado en confrontaciones anteriores y, en las votaciones posteriores, dependieron cada vez más del veto de Estados Unidos para mantener lo ya conseguido. No se había firmado un tratado de paz, sino solo un alto el fuego por unos años.

do. En dos horas y media la *Heyl Ha'Avir* (Fuerza Aérea israelí) destruyó unos 300 de los 340 aviones que tenía en servicio la fuerza aérea egipcia, incluidos los 30 Tu-16.

Los aviones israelíes aterrizaron, repostaron y volvieron a despegar en un tiempo récord de siete minutos para atacar rápidamente. A mediodía la fuerza aérea egipcia estaba destruida en tierra, así como la mayoría de los sistemas de defensa antiaérea, pero nadie se atrevió a decírselo a Nasser, y el mariscal Amer le aseguró al rey Hussein de Jordania que era la fuerza aérea israelí la que estaba destruida. Por la tarde, además de atacar a las fuerzas aéreas de Jordania y Siria, la *Heyl Ha'Avir* dejó fuera de servicio 23 asentamientos de radar egipcios. Se volvieron a atacar algunos de los aeródromos que se habían atacado por la mañana y los asentamientos de misiles SAM-2

ATAQUE JORDANO Y REACCIÓN ISRAELÍ. ATAQUE AÉREO SOBRE SIRIA

El rey Hussein ordenó entonces a la fuerza aérea jordana (*Al Quwwat Aljawwiya Almalakiya*) atacar los aeropuertos israelíes, mientras hacía avanzar a sus unidades acorazadas, equipadas con tanques M-48 *General Patton II* estadounidenses, hacia la frontera con Israel. La reacción israelí fue inmediata: todos los aviones jordanos habían sido destruidos a media tarde o habían sido evacuados a Irak, y entonces los pilotos israelíes atacaron a las fuerzas acorazadas jordanas, que quedaron deshechas casi en su totalidad al caer la noche. El propio rey Hussein relató poco después cómo un batallón acorazado compuesto por 90 tanques fue barrido desde el cielo: 85 tanques quedaron destruidos y los otros cinco con daños de consideración.

Las fuerzas armadas sirias tuvieron también un periodo de desconcierto, que los israelíes aprovecharon para repostar y rearmar sus aviones de combate. Inmediatamente atacaron a la fuerza aérea siria (*al Quwwat Aljawwiya al*

Arabia as-Suriya) y la machacaron. El aeropuerto de Damasco quedó destruido. A la vista de todo lo anterior, el Gobierno del Líbano decidió declarar su neutralidad en esta guerra.

DUELO DE BLINDADOS EN EL SINAÍ

A las 8.15 del mismo día 5, las fuerzas acorazadas israelíes del general Yeshayahu Gavish atacaron al ejército de tierra egipcio en el Sinaí. Su objetivo prioritario era ocupar rápidamente la zona de Abu Agheila, considerada la llave del Sinaí, que cayó al amanecer del día 6 después de un asalto helitransportado. En el ataque nocturno los soldados de infantería israelíes avanzaron detrás de la mayor cortina de fuego de artillería de la guerra, llevando luces de colores para se-

ñalar sus posiciones a los observadores de artillería que venían detrás. Tras ellos avanzaron los tanques israelíes.

La mayor parte de los vehículos acorazados egipcios fueron destruidos por la aviación. La 4.ª división acorazada egipcia, que había sido sorprendida por la rapidez y la violencia de la ofensiva judía, avanzó la noche del 5 al 6 de junio a toda velocidad y con los faros encendidos, tratando de llegar a sus posiciones antes de que las fuerzas acorazadas israelíes cruzasen la barrera de dunas que los egipcios consideraban infranqueable. Pero sus carros y vehículos acorazados de infantería fueron destruidos por la artillería y los carros *Centurion* israelíes que ya habían cruzado la barrera de dunas. Los judíos dijeron

Una cañonera israelí pasa a través de los estrechos de Tirán cerca de Sharm-El-Sheik.

que era como disparar contra «una luciérnaga suicida».

A primeras horas del día 6 el mariscal Amer dio orden al Ejército egipcio de retirarse del Sinaí, aunque estaba previsto realizar una defensa en profundidad en las montañas del Sinaí occidental, para lo cual no hacía falta ni el apoyo de la fuerza aérea egipcia. El 7 de junio las fuerzas acorazadas israelíes llegaron al canal de Suez en su parte norte, pese a que habían tenido que detenerse momentáneamente en Romani, a 65 km de Port Said, por falta de combustible. A las 20:00 horas tomaron la ciudad de El Qantara y el puente sobre el Canal.

Otras unidades llegaron a las 23:00 a Sharm-el-Sheik, que controla la salida de Eilat por el golfo de Aqaba. En la parte central del Sinaí, las fuerzas israelíes mandadas por el general Ariel Sharon llegaron al paso de Mitla, que estaba bloqueado en su extremo oeste por los ataques de la fuerza aérea israelí. El día 8 de junio los supervivientes de la fuerza aérea egipcia realizaron tres pequeños ataques aéreos sobre las fuerzas israelíes en el Sinaí. A las 2:00 horas del día 9 las fuerzas israelíes habían llegado al canal de Suez en casi toda su longitud.

CONQUISTA DE JERUSALÉN Y CISJORDANIA

Al tiempo que se resolvía el problema de Egipto y el Sinaí, el Ejército israelí, bajo el mando del general Uzi Narkiss, se lanzó contra las posiciones jordanas al oeste del Jordán (Cisjordania) y la ciudad vieja de Jerusalén, que resultó ocupada el día 7 a las 14:00 horas tras varios días de duros combates. La noche del 5 al 6 de junio, comandos transportados en helicópteros realizaron una incursión tras las líneas jordanas al este de Jerusalén. Al día siguiente los paracaidistas tomaron el Monte del Templo (defendido hasta el último instante por la Legión Árabe) y el Muro de las Lamentaciones. Cerca de Nablús, los blindados israelíes atacaron a la última unidad jordana de carros de combate y, ayudados por la aviación, destruye-

ron los 25 últimos tanques. Las ciudades de Belén, Hebrón y Jericó cayeron en manos de los israelíes. En cuatro días, el Ejército israelí ocupó casi toda Cisjordania, llevando la frontera al curso del río Jordán.

COMBATES EN LOS ALTOS DEL GOLÁN.
ALTO EL FUEGO EN TODOS LOS FRENTES

A continuación, el Ejército israelí atacó Siria, que era un enemigo peligroso por su posición en los Altos del Golán, que amenazaban las fuentes del Jordán y la llanura de Galilea. El día 5, a las 11:45, los aviones sirios habían bombardeado la refinería de petróleo de Haifa y habían ametrallado el aeródromo de Mahanayim. El día 6 de junio los sirios efectuaron tres ataques y empezaron a cañonear asentamientos israelíes desde la posición de los Altos del Golán. El día 8 los aviones israelíes empezaron a atacar a las baterías de artillería sirias.

El día 9 la *Heyl Ha'Avir* empezó a atacar los búnkeres sirios en las alturas y a las 11:30 el Ejército israelí, bajo el mando del general David Elazar, atacó las posiciones sirias. Los israelíes tuvieron que combatir muy duro, ya que había desaparecido la sorpresa y el Ejército sirio estaba bien atrincherado y equipado por la Unión Soviética, pero finalmente rechazaron a los sirios hasta Kuneitra (Qenaïtrá), a solo 50 km de Damasco. Esta ofensiva motivó que la Unión Soviética amenazara con una intervención directa si Israel no se retiraba.

El presidente Johnson, de Estados Unidos, preocupado desde que el día 8 los cazabombarderos israelíes atacaron por error al buque espía estadounidense USS *Liberty*, presionó a los israelíes para que cesaran en su ofensiva y no fueran más allá. Los israelíes, que ya habían alcanzado todos sus objetivos, aceptaron, y el 11 de junio de 1967 cesaron los combates en todos los frentes. La *Heyl Ha'Avir* había perdido unos 45 aviones, pero había destruido unos 380 aviones árabes y había allanado el camino de la victoria a las fuerzas de superficie.

Arriba, el ejército israelí movilizó la increíble cifra de 264.000 soldados durante la Guerra de los Seis Días. En la imagen, un grupo de esos soldados, algunos sonrientes y otros agotados, escuchan la orden del día tras el avance final hacia el sur del Sinaí el 11 de junio de 1967. Abajo, el ministro de Defensa Moshe Dayan, el general Rehavam Zeevi, jefe de personal de Isaac Rabin, y el general Narkiss en la ciudad vieja de Jerusalén durante la Guerra de los Seis Días.

Reunión en la sala oval de la Casa Blanca el 1 de marzo de 1973 del presidente Nixon, Henry Kissinger y la primera ministra de Israel, Golda Meir.

LA GUERRA DEL YOM KIPPUR (OCTUBRE DE 1973)

Tras la Guerra de los Seis Días no se había firmado ningún tratado de paz y los países árabes solo esperaban la ocasión propicia para volver a atacar a Israel. La OLP se radicalizó y quiso derrocar al rey Hussein de Jordania, que expulsó a la OLP de su país. En Egipto, Nasser dimitió tras la derrota de 1967, pero un referéndum le mantuvo en el poder hasta su muerte en 1970. Fue sustituido por su amigo y compañero Anwar el Sadat. En Siria, Hafed el Assad, del partido Baas, había llegado al poder.

Los israelíes sabían que los árabes preparaban un nuevo ataque, pero creían que no serían capaces de intentarlo hasta tener una fuerza aérea suficientemente numerosa como para derrotar a la *Heyl Ha'Avir*. A su vez, los soviéticos convencieron a los árabes de que era más fácil crear una defensa aérea tan potente que impidiera el empleo de la aviación enemiga. Además, los egipcios se dotaron de gran cantidad de armas contracarro para prepararse.

COORDINACIÓN ENTRE EGIPTO Y SIRIA PARA EL ATAQUE. PLAN DE ENGAÑO

Egipto y Siria acordaron realizar un ataque simultáneo y coordinado el 6 de octubre de 1973, festividad judía del Yom Kippur (Día de la Reconciliación), que coincidía con el décimo día del Ramadán de los musulmanes. Para sorprender a la inteligencia israelí y a los sistemas estadounidenses de vigilancia, organizaron tal cantidad de maniobras y ejercicios en la zona del Canal y en los Altos del Golán que los sistemas de detección los veían como algo normal. Para engañar a los israelíes, los soldados egipcios, que tenían la costumbre de nadar en el Canal a la misma hora de la tarde, siguieron haciéndolo el día 6 de octubre.

El general Saad Mamum, que mandaba el 2.º ejército egipcio, dijo que el soldado que se pusiera el casco un momento antes del comienzo del ataque sería enviado al combate sin él.

A pesar de todo, los pequeños detalles convencieron al general David Elazar, jefe de la fuerzas armadas israelíes, de que Egipto y Siria preparaban algo y solo 24 horas antes del ataque puso a las fuerzas de defensa de Israel «en el máximo grado de disponibilidad», anuló todos los permisos, ordenó que todos los pilotos de la *Heyl Ha'Avir* volvieran al servicio y preparó todo para el llamamiento de los numerosos reservistas que tenía Israel. Elazar quería lanzar un ataque aéreo sin dilación, pero la primera ministra israelí, Golda Meir, se negó, calculando las consecuencias a nivel de política internacional.

EL ASALTO EGIPCIO

El 6 de octubre a las 14:00 horas, los zapadores egipcios se abrieron paso a través del Canal y cayeron sobre las fortificaciones de la línea Bar Lev, una serie de 40 puestos de observación creada por los israelíes en el margen oriental del Canal. El ataque estaba muy bien preparado y coordinado y las tropas egipcias se afianzaron muy sólidamente en sus nuevas posiciones del lado este del Canal. Incluso se habían marcado

con estacas los puntos en que los chorros de agua a alta presión romperían los terraplenes que protegían ambas orillas del Canal; solo así se pudieron tender los puentes PNP diseñados por los rusos, por los que cruzaron los tanques y la artillería pesada egipcia.

LOS EGIPCIOS CRUZAN EL CANAL

Las unidades israelíes desplegadas en el Sinaí intentaron contraatacar para destruir las cabezas de puente egipcias, pero estaban habituadas al apoyo aéreo y fueron detenidas por la cortina de infantería egipcia con sus misiles antitanque rusos, que les causaron graves pérdidas (unos 150 carros de combate de 240).

Al amparo de la oscuridad de la noche, cinco divisiones egipcias con unos 500 tanques pasaron el Canal. Pero los egipcios avanzaron con cautela y se contentaron con consolidar sus posiciones. Las tropas acorazadas egipcias hubieran podido avanzar hacia Ismailía y los pasos de Gidi y Mitla, pero el general Ahmed Ismail, co-

Soldados israelíes se enfrentan a las fuerzas egipcias en la Batalla de Ismailía durante la Guerra del Yom Kippur.

mandante supremo egipcio, no quiso arriesgar a sus fuerzas acorazadas más allá de la sombrilla antiaérea proporcionada por los SAM rusos desplegados al otro lado del Canal, que era esencial para su propia protección.

ATAQUE SIRIO EN EL GOLÁN

Los sirios lanzaron su ofensiva en el frente del Golán a las 14:00 horas del 6 de octubre. Los helicópteros sirios dejaron en las laderas de los Altos del Golán un grupo de comandos que tomaron el puesto de observación israelí que estaba en la cima. Pero esta fue la única acción por sorpresa que se produjo. Una gran masa de tanques sirios se lanzó sobre las dos brigadas acorazadas reducidas que Israel mantenía en esta zona, cuyas dotaciones ya estaban en los tanques, ocultos tras barricadas de tierra.

En la parte sur del frente los carros sirios destrozaron a la 188.ª brigada israelí y penetraron en suelo israelí. Pero mientras esta brigada combatía, los reservistas acudieron rápidamente a los depósitos y se enviaron tanques al frente sin esperar a completar las unidades, de modo que lograron parar la penetración siria a solo 8 km del puente Bnot Yaakob sobre el río Jordán, paso a las planicies de Galilea.

En la parte norte del frente, la 7.ª brigada logró detener el ataque, aunque el cuarto día solo le quedaban siete tanques operativos. Los F-4 *Phantom* y A-4 *Skyhawk* israelíes machacaron a los tanques y transportes de personal sirios (los sirios perdieron más de 1.000 de 1.250), pero con graves pérdidas de aviones (34 F-4 y A-4 solo en la tarde del día 5), hasta que los F-4 consiguieron neutralizar los ordenadores que controlaban la barrera antiaérea siria. En cambio, los misiles estadounidenses SA *Hawk* de los israelíes solo derribaron unos tres aviones sirios.

APOYO DE ESTADOS UNIDOS A ISRAEL

El volumen de pérdidas de la aviación israelí había sido tal que Golda Meir, la primera ministra israelí, consiguió que Estados Unidos les enviase en vuelo 36 *Skyhawk* y 32 *Phantom*, que llegaron además con los equipos de ECM (contramedidas electrónicas) adecuados para bloquear las señales de los radares de seguimiento y dirección de los SAM-2 y SAM-3 egipcios. También fue enviada gran variedad de bombas inteligentes guiadas y proyectiles anti-radar *Shrike* para contrarrestar a los SAM-6.

CONTRAATAQUE ISRAELÍ EN EL GOLÁN

El alto mando israelí consideró que el frente del Golán era más crítico que el del Canal y concentró sus reservas contra el ataque sirio. Envió una división acorazada mandada por el general Peled, que se abrió paso para atacar su flanco sur. Los sirios se retiraron inmediatamente en desorden hacia Kuneitra, abandonando su material bélico.

Un contraataque de los blindados jordanos apoyando a los sirios estuvo muy cerca de lograr un triunfo, que se malogró por el desorden árabe: la artillería iraquí disparó por error sobre los jordanos y los aviones sirios atacaron por error a los refuerzos iraquíes. La línea Jassem-Tell el Sharmes-Sasa-Beitima-Beit Jann se mantuvo hasta el final, defendida por tropas sirias, jordanas, iraquíes y marroquíes. Esta línea estaba solo a unos 20 km de Damasco.

EL ATAQUE DE SHARON EN EL FRENTE DEL CANAL

Para el frente del Canal los israelíes estudiaron dos opciones. El general David Elazar, jefe del Estado Mayor del ejército, y el general Samuel Gonen, jefe del mando Sur, creían inminente una gran ofensiva egipcia y preferían esperar, destruir al enemigo mediante una batalla móvil y pasar luego al contraataque. Pero el general Ariel Sharon había localizado un punto débil en la línea egipcia, en la unión entre los dos ejércitos, y propuso lanzar un rápido ataque y llegar a la orilla occidental del Canal.

Al ver que la temida ofensiva egipcia no se producía, se aprobó su plan, se organizó un ataque de diversión contra el 2.º ejército egipcio, y el día 15 por la noche Sharon consiguió llegar al Canal y atravesarlo, justo al norte del Gran Lago Amargo. Al amanecer del día 16 ya tenía 2.000 hombres y 30 carros en la orilla occidental. Los egipcios reaccionaron rápidamente, pero no tenían suficientes reservas en la zona para contrarrestar el poderío israelí.

Los egipcios enviaron sus aviones a enfrentarse a los israelíes y docenas de Migs fueron derribados en los combates en esta zona. El puente de Sharon estuvo definitivamente colocado el día 17 por la tarde.

El avance israelí en Egipto

Cuando recuperaron el enlace con las fuerzas de Sharon, los israelíes las reforzaron hasta los 10.000 soldados. La división del general Bren Adan, que atravesó el Canal por el puente, giró hacia el sur y atacó la retaguardia del 3.er Ejército egipcio, que se quedó sin suministros, mientras que Sharon avanzó por su cuenta hasta llegar a unos 100 km de El Cairo. Las vanguardias israelíes destruyeron los asentamientos de misiles y cañones antiaéreos a lo largo de 90 km del Canal y capturaron los dos aeródromos de Fayid y Abu Suweir.

La mediación de la Unión Soviética y Estados Unidos: el alto el fuego

La Unión Soviética inició sus maniobras diplomáticas para detener la guerra, ya que no podía permitir que se rindiera el 3.er ejército egipcio. Por otra parte, Israel ya había perdido más de 3.000 hombres y la resistencia siria y la egipcia se estaban endureciendo por momentos.

Cuando Estados Unidos y la Unión Soviética se pusieron de acuerdo para mediar, llegó el alto el fuego el 22 de octubre, aunque en la zona del 3.er ejército los combates continuaron hasta el 24 de octubre, cuando se produjo el alto el fuego final a instancias del Consejo de Seguridad de la ONU.

REACCIÓN AÉREA ISRAELÍ

Cuando la aviación israelí, que había recibido unos 115 McDonnell F-4E *Phantom* y 90 Douglas A-4H *Skyhawk*, además de sus *Mirage III EJ*, trató de bombardear los puntos de paso egipcios en el Canal se encontró con una densa barrera de armas antiaéreas, que derribaron muchos aviones. La combinación egipcia de cañones ZSU 23/4 para defensa a muy baja cota, con los misiles SAM-6 de media y baja cota, no se pudo romper en principio sin gravísimas pérdidas. Resultaron alcanzados (aunque no siempre derribados) tres de cada cinco aviones de la *Heyl Ha'Avir*.

Protesta judía contra el Libro Blanco (mandato británico de Palestina), el 18 de mayo de 1939.

CONSECUENCIAS DE LA GUERRA

La guerra había terminado con una victoria parcial de Israel, pero fue demasiado costosa. Las pérdidas en vidas humanas fueron demasiadas para su exigua población y sobre todo desde el punto de vista político. Por primera vez los egipcios habían derrotado a algunas unidades israelíes y esto permitió que fuera más fácil para los árabes aceptar este armisticio. Además, los países árabes productores de petróleo realizaron un bloqueo de sus exportaciones a los países occidentales que apoyaban a Israel, lo cual provocó una crisis económica mundial. Finalmente, en 1979 Israel y Egipto firmaron un acuerdo de paz por el que los egipcios recuperaron el control del Sinaí y pusieron fin a las hostilidades entre ambos países. Siria siguió dispuesta a atacar a Israel a la menor oportunidad.

Soldados del Comando 40 de los Royal Marines
*británicos que se desplegó en las Malvinas asegurando
al comienzo de la guerra la cabeza de playa de San
Carlos y se preparó para atacar Port Stanley antes de
la rendición argentina.*

Las guerras de **finales** del siglo XX

La Guerra de las **Malvinas**

Las Islas Malvinas, también conocidas como Falkland, son un archipiélago situado en el Atlántico Sur, formado por dos islas mayores, isla Soledad y Gran Malvina, y varias islas menores. Se encuentran a menos de 700 km de las costas argentinas de la Patagonia y a unos 6.250 km de la isla de Ascensión, cerca del ecuador, en el Atlántico central, que era la base británica más próxima durante todo el conflicto. Las Malvinas fueron descubiertas en 1501 por una expedición española y cartografiadas en 1523. Posteriormente, los navegantes ingleses dieron el nombre de Falkland al estrecho de San Carlos que separa las dos islas mayores; con el tiempo extendieron el nombre a todo el archipiélago.

Cuando en 1816 la República Argentina se declaró independiente, incluyó en sus territorios de soberanía a las Islas Malvinas, que hasta entonces habían pertenecido a España. Siempre fueron codiciadas por los británicos; en 1811 fueron ocupadas extraoficialmente por pescadores británicos y norteamericanos, pero en 1820 David Jewet, un corsario al servicio de la Argentina, las ocupó e izó en ellas la bandera albiceleste. En 1831 una fragata británica ocupó Puerto Soledad y comenzó la ocupación de las islas, que no fue completa hasta que derrotaron definitivamente al gaucho Rivero, un año más tarde.

Desde entonces se mantiene el diferendo entre Gran Bretaña y Argentina, país que ha reclamado sus derechos y presentado todas sus alegaciones en todos los foros internacionales. La resolución 1.514 del Consejo de Seguridad de la ONU confirmó en 1960 que a las Malvinas se les debían aplicar las disposiciones sobre descolonización.

Posteriormente, la resolución 2.065 señaló la necesidad de una solución negociada. El interés del gobierno británico por las islas era muy escaso y en 1981 se decidió retirar de las Malvinas el buque que estaba permanentemente basado en las islas.

EL INCIDENTE EN LAS ISLAS GEORGIAS

El viernes 19 de marzo de 1982, un grupo de trabajadores argentinos desembarcó en Leith Harbour (isla de San Pedro, en las islas Georgias del Sur, a unos 1.300 km al sureste de las Malvinas) para desmantelar la factoría ballenera de Bahía Paraíso, abandonada desde 1964.

> Las Malvinas tienen gran importancia por su situación geográfica, que permite controlar los accesos al Pacífico y al Índico desde el océano Atlántico

Los trabajadores izaron la bandera argentina y entonaron el himno de su patria, lo que dio un sentido reivindicativo a su presencia en la isla. El 22 de marzo el embajador británico en Buenos Aires presentó una protesta y en Port Stanley algunos habitantes atacaron las oficinas de la compañía Líneas Aéreas Argentinas y arriaron la bandera argentina.

AUMENTAN LAS FUERZAS EN LA ZONA

El 23 de marzo el mando de la *Royal Navy* británica ordenó al patrullero *Endurance*, destacado en la Antártida, armado con dos cañones de 20 mm y que llevaba a bordo 22 infantes de marina (*Royal Marines*) y dos helicópteros *Wasp*, que se dirigiera de Port Stanley, capital de las Malvinas, a las Georgias del Sur. El 25 de marzo el buque argentino *Bahía Paraíso*, con una tripulación de 200 hombres (algunos de ellos infantes de marina argentinos), dos helicópteros y un cañón ligero, penetró en aguas de las Georgias del Sur para defender a los trabajadores argentinos. El enfrentamiento comenzó a descontrolarse cuando el 27 de marzo las corbetas argentinas *Drummond* y *Granville* salieron rumbo a las Georgias del Sur para reunirse con el *Bahía Paraíso*. También se hizo a la mar el veterano portaaviones *Veinticinco de Mayo* escoltado por dos destructores. El 31 de marzo la Junta Militar que gobernaba Argentina anunció que no cedería a las presiones de Gran Bretaña; el embajador británico en Buenos Aires seguía manteniendo consultas. Mientras tanto, el 28 de marzo el buque

de carga británico *John Briscoe*, habitualmente destacado en la Antártida, salió de la ciudad de Montevideo hacia las Malvinas llevando a bordo a 41 *Royal Marines* que habían volado de Gran Bretaña a Uruguay.

LA OPERACIÓN «ROSARIO»: DESEMBARCO ARGENTINO EN LAS MALVINAS

El 2 de abril un comando de la infantería de marina argentina ocupó militarmente las Malvinas, aprovechando que solo quedaban 47 *Royal Marines* en ellas. Primeramente el submarino *Santa Fe* desembarcó un pequeño grupo de 14 buzos tácticos en botes neumáticos en la península de San Luis, al norte de la isla Soledad y en la península de San Vicente, donde se encuentra el aeropuerto; otro grupo de comandos anfibios formado por 84 infantes de marina argentinos desembarcó del destructor *Santísima Trinidad* al sur de Puerto Stanley. Estos comandos ocuparon sin resistencia el cuartel de los *Royal Marines* en Moody Bro-

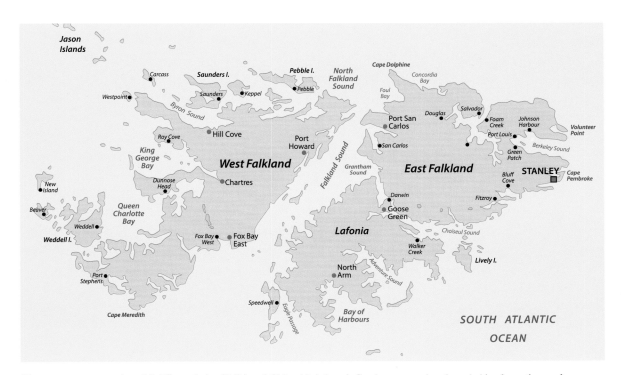

Mapa que muestra el archipiélago de las Falkland (Islas Malvinas). Según un sondeo de opinión de su época, la mayoría de los ciudadanos británicos creían que las Islas Malvinas estaban «en algún lugar de la costa de Escocia».

ok y la Casa del Gobernador; en esta operación resultó mortalmente herido el capitán de corbeta de infantería de marina (equivalente a comandante, como sería en la infantería de marina española) Pedro Giachino, jefe de los comandos que atacaron la Casa del Gobernador; fue el único muerto en toda la operación de desembarco. A continuación, se produjo un desembarco aéreo en helicópteros desde el rompehielos *Almirante Irízar*; estas tropas tomaron el aeropuerto y el faro del Cabo San Vicente. Del buque de transporte *San Antonio* desembarcaron el mismo día vehículos anfibios y orugas. Toda la operación se desarrolló sin víctimas mortales.

La ocupación de las Malvinas era parte de un plan más ambicioso denominado Operación *Rosario*, del almirante Jorge Isaac Anaya, jefe de la Marina argentina, que incluía la recuperación de las islas Georgias del Sur y las Sandwich del Sur.

Este plan se puso en marcha apresuradamente para aprovechar el desplazamiento del patrullero *Endurance* a las Georgias del Sur; esto explicaría la descoordinación de varios detalles de los planes argentinos que entraron en vigor posteriormente.

ARGENTINA CONQUISTA LAS GEORGIAS DEL SUR

El 3 de abril los *Royal Marines* británicos de Grytviken en las Georgias del Sur se rindieron a los argentinos. El mismo día 3 de abril los argentinos comenzaron a transportar a Malvinas, por vía aérea, tropas, cañones antiaéreos y vehículos acorazados y todo tipo de material. El gobierno también comenzó a llamar a los reservistas. El 5 de abril Argentina presentó su caso ante la Organización de Estados Americanos (OEA). Al día siguiente la OEA «expresó su simpatía» por la tesis argentina, aunque no de forma unánime, y se mostró cautelosa ante la posibilidad de que la Argentina invocase el Tratado de Río de Janeiro, en el que reza: «Cualquier país de América que sea atacado por una nación no americana provocará la reacción inmediata y unánime del resto del continente».

REACCIONES BRITÁNICAS E INTERNACIONALES

El gobierno británico rompió las relaciones diplomáticas con Argentina (pero no declaró oficialmente la guerra) y el *Foreign Office* (ministerio de Exteriores británico) anunció el envío de «un importante grupo de combate». El presidente del Consejo de Seguridad de la ONU pidió a ambos gobiernos que «ejerzan la moderación y se abstengan del uso de la fuerza».

Se reunió el Consejo de la OTAN a petición de Inglaterra, pero se descartó cualquier tipo de intervención de la OTAN. Sin embargo, Francia empezó a adiestrar a los pilotos británicos de Harrier en «combate aéreo disimilar» contra los aviones *Mirage III* franceses (muy similares a los de dotación de las unidades de caza de la Fuerza Aérea argentina *Mirage III EA* e *IAI Dagger*), y el día 6 de mayo suspendió las entregas de aviones *Super Etendard* y misiles *Exocet* a Argentina.

Estados Unidos se declaró neutral en el conflicto. La Comunidad Económica Europea congeló la importación de productos argentinos y suspendió las exportaciones de armamento para evitar que el conflicto se recrudeciese.

PREPARACIÓN DE LA FUERZA BRITÁNICA

El 5 de abril se hizo a la mar la fuerza británica para recuperar las Falklands desde Portsmouth y Gibraltar, y otros puertos británicos. El gobierno británico requisó el transatlántico *Canberra* y los C-130 *Hércules* de la RAF empezaron a transportar hombres y material a la isla de Ascensión, en el Atlántico Central, que sería la base principal de la fuerza de combate británica. El 6 de abril la Royal Navy empezó a requisar otros barcos mercantes con arreglo a la legislación británica y el día 7 declaró «zona de guerra» un espacio de 200 NM alrededor de las Malvinas.

El gobierno de Estados Unidos confirmó que, aunque fuera neutral en el conflicto, prestaría apoyo logístico a Gran Bretaña, especialmente desde la isla de Ascensión. La base de la isla de Ascensión era una de las bases estadounidenses

Arriba, avión de transporte militar C-130 Hércules*. Abajo,* Mirage III *francés.*

en territorio británico. De hecho, a ciertos efectos, la situación legal de las fuerzas británicas allí desplegadas era casi como si hubieran sido desplegadas en territorio de los Estados Unidos.

LAS VENTAJAS DE LA LEGISLACIÓN BRITÁNICA

• **Legislación.** La legislación británica sobre su marina mercante, fruto de una larga experiencia de siglos en el uso de barcos privados para reforzar las acciones de la *Royal Navy*, permite que los propietarios o armadores de barcos reduzcan los impuestos a pagar si sus barcos forman parte de una reserva especial de la *Royal Navy*, que así puede requisarlos sin problemas en caso de necesidad nacional. En la jerga de la *Royal Navy* esta acción se denomina STUFT,

Apoyo popular a la invasión. Toda la población argentina apoyó inicialmente a su gobierno: algunas personas ricas donaban sus joyas y los ciudadanos que eran más pobres aportaron sus anillos de boda. Hasta los Montoneros, un grupo de guerrilla urbana que con sus acciones había provocado la intervención de los militares en la política argentina, hicieron un llamamiento de solidaridad dirigido a todos los movimientos de liberación del mundo para que defendieran la soberanía argentina sobre las Islas Malvinas. De momento, el 8 de abril la Junta Militar argentina decretó la movilización de la quinta de 1962.

que significa «*ships taken up from trade*» («buques cogidos del comercio»). Estos buques no se emplean en misiones de combate, sino en tareas logísticas. El gobierno británico asume los costos de los seguros de los barcos y sus tripulantes.

• **Buques requisados para esta guerra.** Los británicos requisaron o fletaron un total de 48 barcos de 33 armadores diferentes; entre ellos cuatro paquebotes (*Canberra, Uganda, Queen Elizabeth II* y *Rangatira*), un portacontenedores (*Atlantic Conveyor*, que fue acondicionado para transportar aviones y helicópteros y para que los *Harrier* y helicópteros pudieran despegar desde su cubierta), 14 petroleros, cinco pesqueros (transformados en dragaminas), un transporte

de agua dulce, cuatro remolcadores, un buque de apoyo a instalaciones petrolíferas, un buque-taller, un cablero y 16 cargueros de diversos tipos.

• **Costes.** El gobierno británico pagó unas 3.000.000 £ diarias por el mantenimiento de su «línea logística» hasta el primer día del desembarco en la Bahía de San Carlos; a partir de esta fecha el monto diario ascendió a 5.000.000 £ diarias. La mayor parte de estas cantidades se debían al pago de los buques requisados o fletados.

• **Eficiencia y rapidez de reacción.** Se dijo que la rapidez y eficiencia británicas para preparar el Grupo de Combate y requisar los buques mercantes necesarios para asegurar la cadena logística demostró la enorme utilidad de esta legislación y de los ejercicios periódicos para estudiar las necesidades logísticas de una escuadra a gran distancia de sus bases logísticas habituales.

INICIO DEL DESPLIEGUE DE LAS FUERZAS BRITÁNICAS
El 9 de abril el buque *Canberra* salió de Gran Bretaña «rumbo a las Malvinas» llevando a bordo unos 2.000 soldados británicos, de la 3.ª Bri-

gada de Comandos, mandada por el general de brigada de los *Royal Marines* Julian H.A. Thompson. El 12 de abril el Gobierno británico informó de que cuatro submarinos británicos de propulsión nuclear se encontraban en aguas de las Malvinas. La flota argentina se retiró de la «zona de exclusión»; según algunas fuentes se trataba de un gesto argentino ante una petición de Estados Unidos.

El día 13 el gobierno británico fletó cinco arrastreros (buques pesqueros) para transformarlos en dragaminas para poder emplearlos en las Malvinas. El día 14 Inglaterrra anunció que estaba preparando un segundo Grupo de Combate para complementar al que ya navegaba hacia las Malvinas.

El 16 de abril se supo que el Grupo de Combate británico se estaba reagrupando en la isla de Ascensión, donde Estados Unidos había acumulado grandes cantidades de combustible para ponerlo a disposición de la *Royal Navy*; inmediatamente las unidades del Grupo de Combate empezaron a realizar ejercicios de desembarco en costas hostiles.

APOYO DE ESTADOS UNIDOS Y FRANCIA

El 15 de abril el gobierno del presidente Reagan de los Estados Unidos confirmó que proporcionaría sistemas de armas a la flota británica que navegaba hacia el Atlántico Sur; entre estas armas se encontraban grandes cantidades de misiles aire-aire *Sidewinder* de guiado por infrarrojos de la última generación (unos 200 *Sidewinder* AIM-9L), misiles aire-superficie AGM-45 *Shrike* contra radares, un sistema antiaéreo y antimisiles *Vulcan Phalanx* para el portaaviones *Illustrious*, un mínimo de ocho sistemas antiaéreos *Stinger* para los destructores y fragatas británicos, misiles *Harpoon* anti-buque y gran cantidad de municiones de diversos tipos.

Además, les proporcionaron información sobre los movimientos argentinos, les cedieron antenas especiales para recibir señales de sus satélites y les permitieron el acceso a sus sistemas informáticos para descifrar todo tipo de códigos. Los *Sea Harrier* ya habían combatido en ejercicios contra los *Super Etendard* franceses en Hyères y los *Harrier* GR.3 de la RAF contra los *Mirages* de *l'Armée de l'Air* francesa, pero a partir del 22 de abril Francia se prestó a iniciar nuevos ejercicios de combate aéreo disimilar para adiestrar a los pilotos británicos.

El Sea Harrier, *avión de caza, reconocimiento y ataque probó ser muy efectivo operando desde portaaviones ligeros durante la Guerra de las Malvinas.*

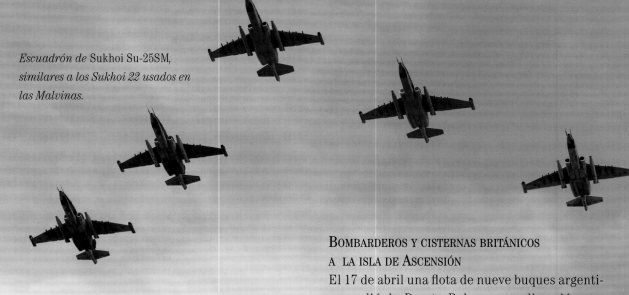

Escuadrón de Sukhoi Su-25SM, *similares a los Sukhoi 22 usados en las Malvinas.*

APOYO DE LA URSS, PERÚ Y BRASIL

Por otra parte, se confirmó que la URSS facilitaba a Argentina información sobre los movimientos del Grupo de Combate británico, obtenida por medio de submarinos y satélites de observación; de hecho un grupo de 30 «consejeros» soviéticos llegó a Buenos Aires por vía aérea para asesorar a los argentinos. Varias naciones sudamericanas ofrecieron ayuda a Argentina para combatir contra Gran Bretaña; Perú envió 10 *Mirage 5* y ofreció enviar un escuadrón de *Sukhoi 22* del Grupo 12 de la FAP para reforzar las fuerzas de ataque argentinas, y se pregonó que Brasil le suministró aviones de reconocimiento, aunque solo fueron dos aviones EMB-111 prestados durante tres semanas.

BOMBARDEROS Y CISTERNAS BRITÁNICOS A LA ISLA DE ASCENSIÓN

El 17 de abril una flota de nueve buques argentinos salió de Puerto Belgrano en dirección sur. El gobierno británico decidió enviar bombarderos *Vulcan* a la base aérea de Wideawake en Ascensión, e igualmente aviones-cisterna *Victor* para repostarlos, debido a la gran distancia desde Ascensión a las Malvinas. También se enviaron 1.000 paracaidistas a Ascensión.

El 20 de abril el gobierno británico ya había requisado o fletado 28 buques mercantes que estaban navegando hacia el Atlántico Sur para apoyar al Grupo de Combate. En ellos iba em-

SS Canberra y HMS Andrómeda (F57) fuera de la bahía de Port Stanley, en las Islas Malvinas, justo después de la rendición de las fuerzas argentinas el 14 de junio de 1982.

HUBO QUE MODIFICAR Y ADAPTAR LOS «VULCAN» Y «VICTOR» PARA LA MISIÓN

Debido a la enorme distancia entre Ascensión y las Malvinas, para cada incursión de un *Vulcan* cargado de bombas sobre las Malvinas eran necesarias diez salidas de los aviones-cisternas *Victor* para reabastecerle en la ida y en la vuelta. Por otra parte, aunque se habían modificado los *Vulcan* para que pudieran reabastecerse en vuelo, prácticamente ninguna tripulación de *Vulcan* en activo tenía experiencia en este tipo de maniobra. Pero el gobierno británico ordenó a la RAF tener seis *Vulcan* preparados «por si acaso» y adiestrar a las tripulaciones en el reabastecimiento en vuelo.

Fue necesario modificar los sistemas de navegación, ya que el radar de bombardeo H2S y el ordenador del sistema de navegación no eran adecuados para navegar tanta distancia sobre el mar sin poder verificar la posición sobre un punto fijo conocido. Entonces hubo que instalar en los *Victor* y *Vulcan* el sistema Carousel de navegación inercial, para garantizar que se encontrarían sobre el agua y po-

drían efectuar el reabastecimiento en vuelo precisamente en los puntos y horas calculados. La bodega de bombas de los *Vulcan* se modificó para poder alojar hasta 21 bombas de 450 kg. También se instaló en los *Vulcan* el *pod* de contramedidas electrónicas AN/ALQ-101D, que se tuvieron que desmontar de los aviones *Buccaneer* de la RAF. Finalmente, solo se enviaron dos *Vulcan* B.2 a la isla de Ascensión, para disponer siempre de un avión y un reserva para cada misión de bombardeo. También se enviaron 11 *Victor* K.2, para disponer de un reserva para el reabastecimiento (se necesitaban diez para reabastecer al *Vulcan* en su viaje de ida y en el de vuelta). Los 13 aviones aterrizaron en la base aérea de Wideawake (Ascensión) el 29 de abril.

En las imágenes, secuencias de vuelo y aterrizaje con paracaídas de frenado de aviones (enmarcado en rojo) Víctor *cisterna usados como reabastecimiento durante la guerra.*

barcado un batallón del 2.º Regimiento de Paracaidistas británicos. Como jefe de las fuerzas
británicas que desembarcarían en las islas (una
brigada de comandos, un batallón paracaidista
y una brigada de infantería) se nombró al general de división Jeremy J. Moore, del cuerpo de
los *Royal Marines*.

El 21 de abril dos *Sea Harrier* interceptaron
a un Boeing 707 con matrícula argentina (civil)
en las proximidades del Grupo de Combate; dijeron que en realidad era un avión militar
de reconocimiento. El día 22 dos buques argentinos cruzaron la
zona de exclusión im-
puesta por Gran
Bretaña sin que
se produjeran in-
cidentes.

LA BASE AÉREA DE WIDEAWAKE

Esta base es denominada oficialmente *RAF As-
cension Island* (base de la RAF en la isla de Ascensión) y también se le llama aeródromo de
Wideawake. En la isla hay una base naval y una
base aérea. Cuando empezó la guerra de las
Malvinas, la *Royal Navy* envió al capitán de na-
vío R. McQueen para hacerse cargo de toda la
isla, apoyar a la escuadra del Grupo de Combate, poner las instalaciones de la base aérea al
servicio de la RAF y construir nada menos que
siete campos de tiro. A sus órdenes tuvo unos
100 marinos, 100 miembros del Ejército británico y unos 800 miembros de la RAF, que luego
quedaron bajo el mando directo del coronel
(*Group Commander*) J.S.B. Price. En realidad, una vez que el Grupo de Combate salió de
Ascensión para las Malvinas, no había gran necesidad de personal del ejército o de la marina,
pero el personal de la RAF no paró de trabajar.
Además de los aviones que pasaban por la isla,
había aeronaves basadas allí que debían actuar
en el Atlántico Sur y, debido a las grandes distancias, tenían que reabastecerse en vuelo de
los *Victor* basados en Wideawake.

La pista de aterrizaje de Ascensión fue construida por los Estados Unidos en 1942, para utilizar la isla como base para patrullas antisubma-
rinas durante la Segunda Guerra Mundial. En
1956 se había alargado a 10.000 pies (unos
3.050 m), con unos 85 m de an-
cho, para que la pudie-
ran utilizar los
avio-

nes modernos. En realidad, en 1982 había un
equipo mínimo de la compañía Pan America Air-
ways, con solo dos controladores aéreos y un grupo de unos 17 miembros de la USAF mandados
por un capitán.

El coronel Price no disponía más que de una
pequeña zona de estacionamiento para los aviones, pues era raro que hubiera más de un avión
en Wideawake (normalmente no había más de
250 vuelos al año, pero durante el periodo de la
guerra de las Malvinas hubo más de 2.500 movimientos de aviones y 10.600 de helicópteros);
por eso, en algunas ocasiones tuvo que hacer volar fuera a aviones que no fueran esenciales en
las operaciones.

Para defender la isla de ataques aéreos, la
RAF transportó por vía aérea un sistema de radar táctico S259 y tres *Harrier* GR4 armados con
dos misiles AIM-9 *Sidewinder* protegían el área
terminal de Ascensión. Luego llegaron tres F-4
Phantom FGR.2 para substituirlos, armados con
cuatro AIM-7 *Sparrow/Skyflash*, cuatro *Sidewinder* y un *pod* con un cañón *Vulcan* de 20 mm.
Como el suministro de combustible a los aviones
podía constituir un «cuello de botella» para las
operaciones, se estableció un oleoducto desde el
aeródromo hasta los depósitos donde descarga-
ban los petroleros.

Un Avro Vulcan B *de exhibición de la* Royal Air Force *durante una fiesta el 25 de mayo de 1985.*

RECUPERACIÓN DE LAS GEORGIAS DEL SUR

Durante los días 25 y 26 de abril las fuerzas británicas recuperaron las islas Georgias del Sur. Participaron en la operación un Grupo de *Royal Marines del Special Boat Squadron*, un destructor tipo 42 y dos fragatas. Los helicópteros *Wessex* y *Wasp* británicos atacaron y averiaron al submarino argentino *Santa Fe*, que fue encallado. En esta operación los británicos hicieron 200 prisioneros, incluidos los 80 marinos de la tripulación del *Santa Fe*, sin bajas por parte británica.

AL GOBIERNO ARGENTINO LE PREOCUPA UN POSIBLE ATAQUE CHILENO

El gobierno argentino había seguido reforzando las fuerzas desplegadas en las Malvinas. Ya había 10.000 soldados argentinos desplegados en las

Aeropuerto de Stanley en las Islas Malvinas. Harrier *GR3 «L». Los pioneros «T» fueron destruidos durante un ataque aéreo.*

islas. Pero los británicos filtraron al gobierno chileno documentos que demostraban que, si el ataque a las Malvinas tenía éxito, la siguiente operación de las fuerzas armadas argentinas sería un ataque para ocupar los territorios chilenos de la zona del canal de Beagle, en el extremo sur del continente.

Chile desplegó fuerzas militares frente a Argentina y alarmó a su vez al gobierno argentino, que retuvo a sus mejores unidades en la larga frontera con Chile. Así, Gran Bretaña consiguió que las tropas argentinas no dispusieran del mejor personal ni del mejor material y equipo que deberían haber tenido.

EL PLAN DE GUERRA BRITÁNICO

El plan británico era muy claro y sencillo: deseaban que los argentinos se retirasen de las islas, ya que no necesitaban una victoria militar y una derrota política argentina. Su idea era recuperar el archipiélago y tomar posesión del territorio; después restaurar la administración britá-

nica; luego reconstruir las islas y consultar a los residentes sobre el futuro político que deseaban. Lo que sí estaba claro era que primero tendrían que obtener la victoria militar y luego negociar. El problema era que si decidían quedarse en las islas, tendrían que reforzar su defensa con aviones y misiles *Rapier*, aunque se podría retirar el buque de la *Royal Navy* allí desplegado, y el contribuyente británico no deseaba gastar dinero en unas islas sin utilidad.

PRIMEROS ATAQUES AÉREOS BRITÁNICOS

El 30 de abril tuvo lugar el primer bombardeo de objetivos en las Malvinas por un *Vulcan* desde Ascensión. De los dos aviones allí desplegados, falló el sistema de presurización del avión que estaba previsto para el ataque y lo tuvo que

realizar el reserva; igualmente, falló el sistema de la manguera de reabastecimiento de uno de los aviones-cisterna *Victor*, lo cual demostró la necesidad de contar con aviones de reserva.

El sistema de navegación Carousel funcionó perfectamente y el *Vulcan* atacó su objetivo, que era el punto central de la pista del aeródromo de Port Stanley, totalmente a ciegas, pues el ataque se produjo a las 4:30 horas para que la defensa antiaérea argentina no pudiese utilizar ningún sistema óptico de puntería, aunque solo consiguió colocar una bomba en el punto central de la pista; el sistema de contramedidas electrónicas del *Vulcan* anuló el sistema *Super Fleder-*

maus de dirección de tiro por radar argentino. Por su parte, los *Sea Harrier* atacaron la pista lanzando bombas en su tercio anterior y posterior, pero los C-130 *Hercules* y *Pucara* argentinos siguieron aterrizando y despegando en ella. Otro día, un *Vulcan* lanzó sus 21 bombas sobre la pista, sin que ninguna diera en el blanco.

El mismo día los aviones *Sea Harrier* de los portaaviones *Hermes* e *Invincible* atacaron la pista de Port Stanley y otros objetivos en la zona de Goose Green («Prado del Ganso») en la isla Soledad. La artillería de algunos buques británicos alcanzó también objetivos en la zona de Port Stanley.

REACCIONES ARGENTINAS

Como consecuencia de estos ataques, el 1 de mayo el Grupo 8 de la fuerza aérea argentina, dotado con aviones *Mirage III EA*, que se había

Vista delantera de un Harrier *de la RAF.*

desplegado inicialmente en la base aérea de Río Gallegos en el sur para apoyar las operaciones sobre las Malvinas, se redesplegó en la base de Comodoro Rivadavia, mucho más al norte, para tratar de interceptar a los *Vulcan* antes de que pudieran llegar a su objetivo.

Por otra parte, la fuerza aérea argentina también desplegó en Malvinas dos equipos de radar, uno de vigilancia táctica AN/TPS-43 tridimensional y otro AN/TPS-44 táctico, ambos sobre plataforma. Una incursión de los *Vulcan* británicos atacó estos equipos con un misil *Shrike* antirradar, pero solo dañó las antenas, que estuvieron reparadas en pocos días.

Para evitar la acción de los misiles *Shrike* antirradar de los aviones británicos, una vez que la incursión británica estaba muy cerca, el jefe de esta unidad argentina apagaba el radar y los desplazaba a una distancia suficiente como para que la explosión del *Shrike* (que se dirigía al último asentamiento detectado del radar, incluso aunque este hubiese interrumpido su emisión) no les alcanzase en su nuevo asentamiento. Supo calcular perfectamente el último momento de actividad para detectar la amenaza, y al mismo tiempo impedir la destrucción de los equipos. Este juego del gato y el ratón se prolongó durante un mes, más o menos.

Los sistemas antiaéreos del Ejército argentino constaban de baterías de misiles SAM tipo *Roland* y *Tigercat*, y cañones antiaéreos de 35 y 20 mm. Para dirigir el tiro tenían un sistema *Super Fledermaus*, pero este fue interferido por los sistemas británicos AN/ALQ-101D y los argentinos tuvieron que emplear casi siempre los visores ópticos para dirigir su antiaérea.

HUNDIMIENTO DEL CRUCERO ARGENTINO «GENERAL BELGRANO» Y OTROS DOS BUQUES

El 2 de mayo el submarino británico de ataque *Conqueror* torpedeó al crucero argentino *General Belgrano*, que se encontraba aún fuera de la zona de guerra. Las pérdidas argentinas se estimaban en unos 500 muertos. Se dijo que el *Conqueror* había realizado el ataque con torpedos Mk 24 *Tigerfish*, pero en realidad lo realizó con torpedos Mk 8 sin un sistema especial de guiado. Para ello su comandante se tuvo que acercar hasta 3.000 yardas (unos 2.750 m) del *General Belgrano*, arriesgándose a que la escolta del crucero lo descubriera y hundiese o dañase el submarino, pero parece ser que los torpedos Mk 24 *Tigerfish* habían fallado recientemente en algunos ejercicios; posteriormente, cuando el 8 de junio se lanzó un Mk 24 contra el buque de desembarco *Sir Galahad*, dañado por los argentinos, para acabar de hundirlo, el torpedo no explotó y hubo que acabar de hundirlo con un Mk 8.

El mismo día 2 los patrulleros argentinos *Alférez Sobral* y *Comodoro Somellera* resultaron hundidos por los misiles *Sea Skua* lanzados desde dos helicópteros *Lynx* HAS.2 del Grupo de Combate.

GRAN BRETAÑA BOMBARDEA DE NUEVO Y ARGENTINA RESPONDE

Puerto Argentino (Port Stanley) fue atacado de nuevo por un *Vulcan* desde Ascensión y los *Harrier* de los portaaviones el 3 de mayo. Además,

Vista del portaaviones Hermes, *antes de ser atacado por el misil Exocet argentino.*

Un Mirage III *en tierra al atardecer.*

el gobierno argentino informó de que se habían producido «violentos enfrentamientos» en el archipiélago, pero no hubo ningún tipo de combate terrestre. El gobierno británico requisó el buque de pasajeros *Queen Elizabeth II* para enviar más tropas a las Malvinas.

Este mismo día comenzaron los ataques de los aviones argentinos, al límite de su alcance tras reabastecerse en vuelo, a la escuadra británica. Se dijo que el día 3 de mayo el portaaviones *Hermes* fue alcanzado por un misil *Exocet* argentino, pero si hubo daños fueron sin importancia. El destructor *Exeter* también resultó alcanzado por los ataques de la aviación argentina. Un avión argentino fue derribado por un misil *Sidewinder* AIM-9L lanzado por un *Sea Harrier* de la flota.

Como los *Sea Harrier* eran bastante más lentos que los reactores de ataque argentinos, solían estar patrullando a 10.000 pies (unos 3.050 m) de altura y a unos 250 nudos (460 km/h); de este modo, cuando picaban para interceptar al enemigo al ras de las olas llegaban a ponerse a 600 nudos (1.110 km/h), es decir, más rápidos que sus enemigos aunque solo fuera durante unos minutos. Mientras picaban, maniobraban para ponerse a la cola de sus enemigos y lanzaban uno o dos misiles *Sidewinder*.

Habitualmente, las formaciones de dos *Sea Harrier* que tenían que interceptar a los argentinos patrullaban a más de 300 km de distancia de la escuadra, para no dar ocasión a los argentinos de lanzar un *Exocet* con comodidad y verificar si había impactado en un buque británico.

GRAVES PROBLEMAS DE COMBUSTIBLE
• **La situación geográfica de las Malvinas.** El gran problema para los aviones de ataque argentinos era que las Malvinas estaban a 740 km del continente, casi justo al límite de su radio de acción; si las islas hubieran estado más cerca de las bases situadas en el territorio continental argentino, como Río Gallegos, Comodoro Rivadavia y Río Grande, la fuerza aérea hubiera

podido mantener aviones en patrulla sobre las islas. Y si los argentinos hubieran alargado la pista de Port Stanley (como hicieron los británicos después del conflicto) hubieran podido desplegar allí aviones de caza y ataque para defender y atacar mejor.

• **La falta de pistas adecuadas en las islas.** Pero el gobierno argentino no pensó en alargar la pista del aeródromo de Port Stanley, para que la pudiesen emplear los aviones *Mirage, Dagger* o *Skyhawk*; con sus 1.250 m de longitud era demasiado corta para los aviones de combate.

Mejoraron las pistas de hierba de la isla Borbón (Pebble Island) y Goose Green para constituir aeródromos eventuales, pero hubiera sido mejor alargar la pista de Port Stanley y proporcionar casi 700 km más de radio de acción (o casi una hora más de autonomía en la zona de combate) a los *Mirage III* y *Mirage Dagger* y a los A-4 *Skyhawk*, que hubieran podido estar basados en las mismas islas. Al final, en los pequeños aeródromos auxiliares solo pudieron estar basadas las unidades con los aviones ligeros *Pucara* de ataque al suelo y los T-34 *Mentor* y MB.339 de enseñanza, pero armados con cañones y cohetes.

• **Para llegar a la flota británica fue necesario convertir *Skyhawks* A-4P en cisternas.** Además, la flota británica se situaba al este de las islas para aumentar la distancia a recorrer por los aviones de ataque argentinos, que tenían que repostar en vuelo una o varias veces. Los A-4P *Skyhawks* y los *Mirage* de la fuerza aérea argentina tenían un radio de acción de unos 925 km si cargaban unos 1.000 kg de bombas, y volaban alto (para reducir el consumo) y solo recorrían un 10% del trayecto a baja cota para escapar a la cobertura radar británica.

Parte de los 70 A-4P *Skyhawks* fueron modificados para poder suministrar combustible a otros aviones del mismo tipo, de modo que a veces se empleaban 12 aviones para que cuatro de ellos pudieran atacar a la escuadra británica; otros cuatro despegaban con ellos, les abas-

Un Douglas A-4C Skyhawk *de la IV Brigada aérea de las Fuerzas Aéreas Argentinas durante la Guerra de las Malvinas en la base aérea de Mendoza-El Plumerillo. Puede apreciarse la silueta de un destructor británico tipo 42 pintado en el avión. Sin embargo, el único destructor tipo 42, el* HMS Coventry, *se hundió un día después de que fuera tomada esta foto.*

tecían a medio camino y se retiraban, mientras que los otros cuatro despegaban más tarde, para repostar a los cuatro atacantes durante su regreso a la base.

• **Limitaciones en combate.** Los aviones argentinos no podían escoger el rumbo de ataque a los buques británicos, ya que ni siquiera tenían combustible para dar un pequeño rodeo alrededor de la flota; como siempre tenían que atacar viniendo del oeste, solían realizar sus ataques al atardecer, para tener el sol a la espalda, lo cual les ayudaba a ellos a afinar su puntería y dificultaba la defensa antiaérea de la escuadra británica.

Los *Mirages* y *Dagger* ni siquiera podían utilizar el postquemador para entrar en combate con los *Harrier* británicos, que además disponían de los misiles *Sidewinder* AIM-9L (un modelo cuyo sistema de guiado por infrarrojos perfeccionado no necesitaba que lo lanzaran contra el calor de la tobera de salida del reactor, sino que se podía lanzar de frente contra los aviones enemigos con la seguridad casi total de hacer blanco). Encima, en muchos casos los *Mirage* debían abandonar la zona ascendiendo para reducir el consumo en el viaje de vuelta, presentando la tobera de salida contra el cielo, lo cual los hacía aún más vulnerables a los *Sidewinder*.

• **La aviación naval argentina.** Por otra parte, el Comando de Aviación Naval Argentina disponía de otros 11 A-4Q *Skyhawks*, que iban a ser sustituidos por *Super Etendard* franceses, de los que solo se habían recibido cinco ejemplares cuando Francia decidió suspender las entregas de más aviones. Los *Super Etendard* y sus misiles *Exocet* tuvieron un importante papel en los combates contra la escuadra británica, pero estos aviones solo tenían un radio de combate de unos 650 km, por lo que únicamente podían atacar a la flota si les reabastecían en vuelo los dos KC-130H de la fuerza aérea argentina o los A-4 con su cesta para reabastecer a otros aviones. Si el portaaviones *Veinticinco de Mayo* hubiese podido hacerse a la mar, estos aviones hubieran constituido un serio peligro para la escuadra británica.

CÓMO ATACABAN LOS AVIONES ARGENTINOS

• Los *Super Etendard* y el misil *Exocet*. Normalmente los aviones *Super Etendard* atacaban en pareja, con un avión «iluminando» con su radar al buque a atacar y otro lanzando un misil AM-39 *Exocet*. Debido a la distancia de la escuadra británica a las bases en territorio continental argentino y a que los aviones debían volar muy bajo para escapar a los radares de la flota, los *Super Etendard* operaban al límite de su alcance aun repostando en vuelo y debían regresar a su base nada más lanzar el misil, sin esperar a verificar si este daba en el blanco.

Contra este sistema de ataque, los buques británicos solo podían emplear los sistemas *Super RBOC Mk 36* de lanzamiento rápido de *chaff* (sistema antirradar que lanza al aire tiras metálicas que dan el mismo tipo de señal de «blanco» en el radar que un buque o un avión reales) para intentar confundir al sistema de guiado del misil.

A veces los helicópteros cubrían de *chaff* un portaaviones; el día 25 de mayo los *Super Etendard* lanzaron un *Exocet* contra el portaaviones *Hermes* pero el *chaff* lanzado por el *Hermes* y sus helicópteros de protección desviaron el misil y rompieron su bloqueo sobre el portaaviones; a cambio el misil se bloqó en el mayor blanco situado en las proximidades y sin protección electrónica: el buque porta-contenedores *Atlantic Conveyor*, que iba cargado de helicópteros (y aviones *Harrier*, que acababan de despegar de su cubierta) fue hundido por el *Exocet*.

Vista delantera de un A-4 Skyhawk.

• Los *Mirages* y *Skyhawk* y sus bombas. Los *Mirages* y *Skyhawks* argentinos también debían atacar a muy baja altura para evitar que les derribasen los misiles *Sea Dart* de defensa antiaérea de la flota británica, ya que estos misiles llegaron a ser efectivos en alguna ocasión a 60 millas (unos 110 km) de distancia.

El problema mayor era que entonces los pilotos argentinos lanzaban sus bombas desde muy baja altura y estas no se armaban (las espoletas nunca estaban reguladas para menos de ocho segundos de tiempo de armado) y no explotaban al impactar con los buques; parece que la falta de ajuste de las espoletas fue la causa de que en ocasiones alguna bomba impactase en una fragata británica, la perforase el casco con un boquete de entrada y otro de salida, y la bomba cayese al fondo del mar sin explotar, dejando solo un mínimo boquete, en lugar de dejar un buque en llamas.

NUEVOS ATAQUES AÉREOS POR AMBAS PARTES

El día 4 de mayo se aseguró que las tropas británicas habían desembarcado ya en la isla Soledad, pero luego se desmintió esta noticia. El destructor británico *Sheffield* (del tipo 42) fue hundido por un misil *Exocet* lanzado desde un avión *Super Etendard* argentino. Los aviones *Sea Harrier* de los portaaviones volvieron a bombardear objetivos en las Malvinas; un *Sea Harrier* del *Hermes* fue derribado durante el ataque. El 7 de mayo la *Royal Navy* reconoció la pérdida de otros dos aviones *Sea Harrier*; que probablemente chocasen cuando estaban inmersos en la niebla.

El 8 de mayo 20 aviones *Harrier* y *Sea Harrier* británicos volaron desde sus bases en Gran Bretaña hasta Ascensión, repostando en vuelo durante el trayecto. Era necesario reforzar los efectivos aéreos del Grupo de Combate para el ataque final y ya no se disponía de más buques para transportar estos aviones desde Gran Bretaña. El 9 de mayo Gran Bretaña solicitó a Estados Unidos aviones nodriza KC-135 para abastecer en vuelo a los *Vulcan*, ya que no disponía de suficientes *Victor* en servicio.

Bombas fallidas. Los aviadores argentinos alcanzaron por lo menos a un destructor y tres fragatas con bombas que no estallaron. Entre los buques británicos que se salvaron porque las bombas que les lanzaron los argentinos no estallaron, está el destructor *Glasgow*, que fue alcanzado por una bomba que no estalló, y las fragatas *Plymouth, Brilliant* y *Broadsword*. La fragata *Plymouth* recibió hasta cuatro bombas que no explotaron; si la hubieran hundido no hubiera podido derribar con sus misiles y cañones antiaéreos a cinco aviones argentinos a lo largo de la campaña. Una bomba pasó sin estallar a través del helicóptero *Linx* de la *Broadsw*ord y tres bombas rebotaron sin explotar en la *Brilliant*.

El 10 de mayo las fuerzas británicas bombardearon intensamente los alrededores de Port Stanley, utilizando bombas en racimo. Argentina protestó por el uso de este armamento tan polémico. Los *Sea Harrier* británicos ametrallaron y hundieron el buque factoría argentino *Narval*.

COMBATES EN EL ESTRECHO DE SAN CARLOS

El 11 de mayo una fragata británica hundió un petrolero argentino en el canal de las Malvinas o estrecho de San Carlos, entre las dos islas mayores. Los buques británicos bombardearon intensamente las instalaciones militares y el aeropuerto de Puerto Argentino (Port Stanley).

Se dijo que el portaaviones *Hermes* había sido averiado y que se había retirado de la zona de combate para ser reparado pero esto no fue cierto. El 12 de mayo un helicóptero *Sea King* de la *Royal Navy* cayó al mar, pero sus tripulantes fueron rescatados por una fragata. Gran Bretaña informó de que el transatlántico *Queen Elizabeth II* navegaba hacia las Malvinas llevando a bordo 3.000 soldados, entre ellos los 600 hombres de un batallón gurkha. Durante un ataque de la aviación argentina a la flota británica las fragatas *Broadsword* y *Brilliant* de la clase *Broadsword* derribaron dos aviones A-4Q

Skyhawk argentinos mediante misiles *Seawolf*. Según los informes oficiales británicos, los misiles de defensa aérea británicos *Seawolf* derribaron un total de cinco aviones argentinos durante la guerra; los *Sea Dart* derribaron ocho aviones; los *Seacat*, seis; los *Blowpipe*, ocho y los *Rapier*, 13. No todos estos derribos fueron reales. Ambas naciones exageraban los daños causados al enemigo y reducían los propios.

El día 15 el presidente argentino, general Leopoldo Galtieri, reconoció que Argentina había perdido ya 400 hombres, pero declaró que estaban dispuestos a perder los que hicieran falta para conservar las Malvinas. Continuaban las conversaciones de paz entre ambas naciones, pero sin llegar a ningún acuerdo. Durante la noche del 14 al 15 de mayo los *Royal Marines* realizaron una incursión en la isla Borbón (isla Pebble), una de las islas menores (al norte de la isla Gran Malvina, la más occidental de las dos mayores), para destruir los aviones del aeródromo auxiliar Calderón, establecido por la fuerza aérea argentina aprovechando dos pistas eventuales ya existentes en la isla.

Los marines británicos desembarcaron en helicópteros y destruyeron en el suelo seis aviones I.A. 58 *Pucará* argentinos y volaron un polvorín y una estación de radar. Fue la mejor acción de comandos por parte británica y solo les costó un hombre herido.

Los británicos habían estudiado los detalles del desembarco en las Malvinas. Influidos por el adiestramiento recibido en Estados Unidos, los oficiales argentinos de Estado Mayor esperarían un desembarco en las cercanías de Port Stanley, así que decidieron desembarcar en la costa de la isla Soledad en el estrecho de San Carlos, que estaría poco guarnecida y fortificada.

SIGUEN LOS ATAQUES AÉREOS POR AMBAS PARTES

El 16 de mayo tuvieron lugar nuevos ataques de los *Harrier* británicos a Port Stanley (Puerto Argentino) y a dos buques de transporte en el estrecho de San Carlos, entre las dos islas mayores del archipiélago. El día 17 de mayo los aviones británicos volvieron a atacar a dos barcos argentinos; uno de ellos, el *Río Carcarana*, fue abandonado por su tripulación. Un avión *Sea Harrier* resultó dañado ligeramente durante el ataque. Los aviones británicos también atacaron otros enclaves, como Bahía Zorro y Port Darwin.

LOS BRITÁNICOS, PREPARADOS PARA DESEMBARCAR

El 18 de mayo el Grupo de Combate británico ya disponía de 50 buques y pretendía iniciar el desembarco. Gran Bretaña solicitó a Estados Unidos más ayuda de material. El 19 de mayo llegaron a las Malvinas 20 aviones *Harrier* adicionales a bordo del barco *Atlantic Conveyor*, transformado en buque de transporte. También llegó el *Canberra* con 3.000 soldados a bordo.

El Grupo de Combate había recibido el material adicional solicitado y se empezó a especular con la posibilidad de que se realizaran hasta cinco desembarcos simultáneos, al menos dos de ellos en las inmediaciones de Port Stanley (Puerto Argentino) y en la isla de Borbón (para neutralizar el aeródromo de Puerto Calderón, que podía atacar por la retaguardia a las fuerzas británicas que desembarcasen en isla Soledad). También se confirmó la cesión de aviones cisterna KC-135 por parte de Estados Unidos, para el reabastecimiento en vuelo de los aviones británicos. Durante la noche los aviones británicos siguieron bombardeando las posiciones argentinas; también algunos buques cañonearon las posiciones argentinas, más para quebrantar su moral que para alcanzar con precisión objetivos específicos.

DESEMBARCO BRITÁNICO Y REACCIÓN ARGENTINA

El 21 de mayo se produjo el desembarco británico en la bahía de San Carlos en la costa oeste de la isla Soledad. Más de 1.000 hombres de la 3.ª Brigada de Comandos reforzada desembarcaron en la bahía de San Carlos de la isla Soledad, a unos 80 km al oeste de Puerto Argentino. Además, los británicos realizaron varias incursiones en otros puntos de la costa, para confundir y dispersar a las defensas argentinas. La aviación argentina reaccionó con ataques muy decididos de los *Mirage 5* y los *IAI Dagger* fabricados en Israel. Durante dos días atacaron continuamente a la flota británica,

Dos Sea Harrier *asignados al portaaviones* HMS Illustrious *se acercan a la cubierta para aterrizar el 22 de octubre de 1984.*

LOS PROBLEMAS DEL SUBMARINO ARGENTINO «SAN LUIS» CON LOS TORPEDOS

La noche del 11 de mayo el submarino argentino *San Luis* (del tipo 209 alemán), mandado por el capitán de fragata Fernando M. Azcueta, lanzó dos torpedos SST-4 contra las dos fragatas británicas *Alacrity* y *Arrow* (Tipo 21); uno de los torpedos no llegó a salir del tubo y el otro nunca impactó en el *Arrow*. Ya habían tenido problemas anteriormente; al parecer los torpedos no estaban bien preparados y jamás impactaban en los buques británicos. Después de la guerra llegó un grupo de ingenieros alemanes y holandeses a Argentina para descubrir el motivo del fallo. Al parecer el motivo era muy simple: un marino argentino que estaba a cargo de las revisiones y mantenimiento periódicos de los torpedos había invertido (por error) la polaridad de los cables que unían a los torpedos con el sistema del submarino. Esto significaba que los giróscopos que debían controlar la trayectoria de los torpedos se volcaron en el momento del lanzamiento e impidieron que los torpedos tomasen la dirección debida. Todo el valor y la pericia de una tripulación y su comandante quedó anulada por un increíble error humano.

De todos modos, el *San Luis* había demostrado su capacidad alcanzando a los señuelos que remolcaban el *Hermes* y el *Illustrious*, lo cual obligó a la *Royal Navy* a asignar en algún momento un portaaviones, varios destructores, cinco submarinos nucleares y uno diésel, y hasta 25 helicópteros a tareas de lucha antisubmarina.

Helicóptero Sea King *de la* Royal Navy.

Un helicóptero tipo Gazelle, *como los que derribaron los argentinos durante el desembarco británico.*

DEFECTOS DE LOS EQUIPOS DE LA INFANTERÍA BRITÁNICA

Durante estos avances y combates empezaron a aparecer defectos en los equipos de la infantería británica, que no se conocieron hasta años después, como las botas DMS de suela de goma, que fueron «letales» para los pies de los paracaidistas; ya se debía saber anteriormente porque algunos oficiales, en lugar de llevar las botas británicas reglamentarias, llevaban botas alemanas de paracaidista. Los soldados se quejaron igualmente de sus mochilas; a uno de los *Royal Marines* se le deshizo el armazón metálico de su mochila e incluso algunos soldados de la Brigada n..º 5 llevaban mochilas civiles adaptadas. También se quejaron de la comida (las raciones del *Arctic Ration Pack* no les llenaban) y del agua de las islas contaminada por las ovejas, de modo que había que hervirla para poder beberla. En cambio, estaban muy satisfechos de su uniforme para clima frío (denominado *Mao-suit*), con una cremallera en la parte inferior de los pantalones para poder ponérselos sin tener que quitarse las botas y un cuello bastante alto en la chaqueta. También estaban encantados con el saco de dormir específico para el Ártico y con el chaquetón o *parka* tipo DPM impermeable y transpirable.

pero llegando del este y no del oeste, gracias a nuevos depósitos adicionales de combustible que les permitían dar un rodeo y atacar con el sol a la espalda. Perdieron unos 17 aviones, pero alcanzaron a cuatro buques británicos y un *Aermacchi* MB.339 hundió a la fragata *Ardent* con una salva de cohetes. Pero no atacaron en masa, para saturar las defensas antiaéreas británicas, sino en oleadas sucesivas; también quedó claro que la fuerza aérea argentina no podía actuar de noche, lo cual era un serio inconveniente. Por otra parte, los ataques de los aviones argentinos se centraron en los buques de combate (destructores y fragatas) y no en los buques de desembarco ni en las tropas desembarcadas.

Los argentinos también derribaron dos helicópteros tipo *Gazelle* con misiles *Blowpipe*. Un helicóptero *Sea King* del Special Air Squadron británico se estrelló con 19 hombres a bordo; todos murieron. Al acabar el día la cabeza de puente británica tenía ya una superficie de unos 26 km².

El 22 de mayo los británicos ya habían desembarcado unos 2.500 hombres en isla Soledad y se disponían a avanzar para intentar partir en dos la línea de defensa argentina. Al día siguiente, el 23 de mayo, los británicos ya habían desembarcado los 5.000 hombres de la 3.ª brigada de comandos (tres batallones de comandos y dos de paracaidistas, con el 29.º Grupo de artillería y sus 18 obuses de 105 mm, así como dos secciones de caballería acorazada con cuatro carros *Scorpion* y 4 *Scimitar*, un batallón de ingenieros y otras unidades de apoyo) y habían consolidado la cabeza de playa de la bahía de San Carlos. Además, habían establecido otras tres cabezas de puente en las dos islas mayores.

HUNDIMIENTO DE LA FRAGATA «ANTELOPE»

El día 23 los aviones argentinos atacaron a la fragata británica *Antelope* (tipo 22) durante el desembarco. Los A-4 *Skyhawks* llevaban dos bombas de 1.000 libras (unos 227 kg); un *Skyhawk* volaba tan bajo que cortó las antenas de radar de la fragata *Antelope* y la alcanzó con sus dos bombas; una perforó la fragata y se fue al fondo del mar y la otra cayó en el cuarto de calderas y explotó al día siguiente cuando se intentó desactivarla; la *Antelope* se hundió.

Estos ataques alcanzaron a otros buques británicos. Según los británicos, los argentinos perdieron seis aviones (IAI *Dagger* y A-4 *Skyhawk*) y dos helicópteros. Al caer la noche, en cuanto desaparecía del cielo la aviación argentina, los británicos siguieron desembarcando en la cabeza de playa. De madrugada los británicos desembarcaron en la playa y en el puerto de San Carlos y en la bahía de Ajax, enlazando con los comandos que habían desembarcado anteriormente. En estos combates llegaron a emplear armas antitanque como el LAW de 66 mm y el Carl Gustav de 84 mm, cuyos proyectiles fueron devastadores contra posiciones fijas.

AVANCE BRITÁNICO

Durante el 24 de mayo continuaron los ataques de los aviones argentinos contra los buques británicos y las cabezas de playa. Los británicos reconocieron que ya habían perdido la fragata *Ardent* y que cuatro buques más habían recibido daños; un cazabombardero *Harrier* y dos helicópteros habían sido derribados. Según los argentinos, habían hundido dos fragatas, otras dos seriamente dañadas y cuatro con daños de varios tipos; además habían derribado cuatro *Sea Harrier* y cuatro helicópteros. Por otra parte, los británicos dijeron que habían derribado 16 *Mirage*, diez *Skyhawk*, un bombardero *Camberra* B.62, dos *Pucara* y cuatro helicópteros argentinos; en cambio Argentina solo reconoció la pérdida de seis aviones y tres helicópteros. Los C-130 *Hércules* de la fuerza aérea argentina continuaron aterrizando en la pista de Port Stanley hasta el último momento para transportar personal y abastecimientos.

El 25 de mayo, Día Nacional de la República Argentina, se realizaron nuevos ataques aéreos contra los buques británicos y la zona del desembarco. Los aviones hundieron el destructor

Vista del HMS Antelope, *fragata británica del tipo 22, que fue construida por Vosper Thornycroft en Southampton y botada en 1975. Durante la Guerra de las Malvinas, dos bombas explotaron hundiendo el buque y matando a dos hombres de la tripulación el 24 de mayo de 1982.*

DESEMBARCO PELIGROSO

La diferencia de criterios entre políticos y militares era grande. Cuando el general Thompson desembarcó en San Carlos el 21 de mayo, inmediatamente el gobierno británico le presionó para que avanzara cuanto antes hacia Port Stanley por el interior de la isla Soledad, ya que el poder político necesitaba una victoria rápida, antes de que la ONU les pidiera un alto el fuego.

Pero el general Thompson se dio cuenta de que los ataques aéreos argentinos afectaban seriamente al flujo de tropas y abastecimientos en la zona del desembarco y vio lo peligroso que era avanzar sin haber consolidado la cabeza de playa.

Coventry y alcanzaron a la fragata *Broadsword*; el buque portacontenedores *Atlantic Surveyor* fue alcanzado por un misil *Exocet* y tuvo que ser abandonado; transportaba varios Harrier GR.3, que ya habían despegado de su cubierta, y 11 helicópteros (un Linx, seis Wessex HU.5 y cuatro Chinook); un Chinook logró despegar, pero los otros diez helicópteros se hundieron con el buque. Cuatro reactores argentinos fueron derribados.

El día 26 continuaron los ataques sobre la cabeza de playa británica y los buques que participaban en el desembarco.

COMBATES EN EL ISTMO DE GOOSE GREEN Y PORT DARWIN

El 28 de mayo, según fuentes británicas, el 2.º batallón del Regimiento de Paracaidistas británico (unos 650 hombres) había logrado tomar el istmo de Goose Green y Port Darwin (que parte en dos la isla Soledad) defendido por una brigada argentina (unos 1.500 hombres), pero los combates en esta zona continuaron por lo menos hasta el día 29. Los británicos reconocían que habían tenido 17 muertos (uno de ellos el teniente coronel jefe del batallón) y 30 heridos; no informaron de las bajas ocurridas entre las fuerzas argentinas.

Por su parte, las fuerzas británicas iniciaron la construcción de una pista de aviación con planchas metálicas (suministradas por EE.UU.) Los ataques aéreos argentinos averiaron una fragata británica. Llegaron a aguas de las islas diez buques británicos (destructores y fragatas) para reforzar al Grupo de Combate. Además, la antiaérea argentina alcanzó a dos *Sea Harrier* FRS.1, que tuvieron que ser abandonados.

El 29 de mayo las autoridades argentinas reconocieron la toma de Goose Green y Port Darwin por los británicos. Entonces, los británicos volvieron a atacar a los radares argentinos cerca de Port Stanley con misiles *Shrike*, pero no

lograron destruir a los equipos móviles argentinos, que sabían a la perfección cómo desplazarse en el momento justo y preciso.

AVANCE FINAL BRITÁNICO SOBRE PUERTO ARGENTINO (PORT STANLEY)

El 30 de mayo los buques británicos bombardearon Puerto Argentino (Port Stanley) y los aviones argentinos atacaron a la escuadra británica, dejando fuera de combate al portaaviones *Invincible*. Los británicos embarcaron 1.200 prisioneros argentinos para alejarlos de la zona de combates.

El 31 de mayo los aviones argentinos atacaron de nuevo a la escuadra británica. Los britá-

Un C-130 Hércules *en vuelo sobre la pista de aterrizaje.*

nicos aseguraban que desde dos fragatas se habían derribado con sus misiles dos misiles *Exocet* lanzados por los *Super Etendard* argentinos. Las fuerzas del Ejército británico avanzaban hacia Puerto Argentino desde dos direcciones. El 1 de junio las tropas argentinas conquistaron Mount Kent a solo 15 km de Puerto Argentino (Port Stanley) y el día 2 habían ocupado todas las alturas que lo dominan. El 2 de junio la antiaérea argentina derribó dos *Harrier*. La actividad aérea británica se redujo mucho, debido a los daños sufridos por el *Invincible*.

Los británicos tuvieron que enviar al portaaviones *Illustrious* a reemplazarle; en él se montaron rápidamente dos de los tres sistemas Gatling *Phalanx* de defensa antiaérea que recibieron los británicos de Estados Unidos. Durante los días 3 y 4 de junio la artillería británica bombardeó de nuevo las posiciones argentinas. El 4 de junio los británicos empezaron a atacar el perímetro exterior de defensa de Port Stanley. El 6 de junio desembarcaron los 3.000 hombres de la 5.ª brigada de infantería (entre ellos un batallón de *highlanders* y otro de gurkhas), con lo que los británicos ya disponían de 8.000 hombres para el ataque final.

FRACASA UN DESEMBARCO BRITÁNICO
El día 8 de junio tuvo lugar un intento de desembarco de de la 5.ª Brigada británica al suroeste de Puerto Argentino. Debido a las buenas condiciones meteorológicas en ese momento, la aviación argentina actuó con gran eficacia; el intensísimo

ataque aéreo argentino sobre los buques que desembarcaban tropas y material dañó gravemente a la fragata *Plymouth* (tipo 42) y los buques de desembarco *Sir Galahad* y *Sir Tristram*.

Las tropas argentinas rechazaron el desembarco. Los ingleses solo reconocieron que habían sido tocados una fragata y dos lanchones de desembarco, mientras que aseguraban que habían derribado 11 aviones argentinos.

RENDICIÓN ARGENTINA
Durante la noche del 11 al 12 de junio los ingleses lanzaron un ataque por sorpresa sobre las posiciones argentinas en las alturas llamadas Mount Harriet, Two Sisters y Mount Longdon, que defendían Port Stanley e hicieron más de 400 prisioneros. El 13 de junio lograron tomar Mount Tumbledown, Wireles Ridge y Mount Wi-

lliam, penetrando hasta 8 km en las líneas de defensa argentinas. El día 14, a las 20:59 horas, todas las tropas argentinas se rindieron.

LECCIONES DE LAS MALVINAS
CONFIRMACIÓN DE DOCTRINAS CLÁSICAS
Una enseñanza doctrinal de esta guerra es que incluso una gran flota no puede defenderse a menos que posea una cobertura aérea adecuada, o que esté tan lejos de tierra firme que la aviación enemiga no pueda actuar con eficacia. Los *Sea Harrier* hicieron lo que pudieron por detener los ataques de la aviación argentina, pero ni eran los aviones adecuados para la misión (a pesar de que Estados Unidos suministró a Gran Bretaña los AIM-9L *Sidewinder* de último modelo), ni eran suficientes. Si la flota británica no hubiera dispuesto de una clara superioridad numérica y no hubiera estado dispuesta a sufrir serias pérdidas para asegurar el desembarco en las Malvinas, no hubiera podido conseguir la victoria bajo ningún concepto.

LA IMPORTANCIA DE LOS MISILES ANTI-BUQUE
Esta campaña demostró la enorme importancia de los misiles aire-superficie anti-buque, que se utilizaron por primera vez de un modo concluyente. Cuando el primer misil *Exocet* alcanzó a un buque británico, Francia ya había vendido 271 ejemplares de este misil a las fuerzas aéreas de siete países; poco después del hundimiento del *Sheffield*, Libia ofrecía en el mercado negro 500.000 £ por cada misil *Exocet*.

DIVERSAS HIPÓTESIS
Si los argentinos hubieran retrasado el inicio de la invasión de las Malvinas hasta el final de 1982, como era la idea inicial del presidente Galtieri, las fuerzas armadas británicas hubieran tenido muchos más problemas para reaccionar como lo hicieron. Estaba previsto desguazar o vender el patrullero *Endurance* y el buque de asalto anfi-

Los equipos de combate argentinos. Se ha dicho que el armamento y equipo de las tropas argentinas era mucho peor que el de los británicos, pero esto no es totalmente cierto. Por ejemplo, las gafas de visión nocturna (PNG) tipo Sopelem de fabricación francesa que tenían los argentinos eran incluso mejores que las de los británicos, aunque tal vez no les supieran sacar todo el partido en los combates nocturnos.

La artillería de campaña argentina, como el obús M56 OTO-Melara de 105 mm, dio un magnífico resultado en Goose Green, según reconocen los mismos británicos. La batería de misiles antiaéreos *Roland* cumplió casi aún mejor de lo que esperaban los propios argentinos. Fue transportada a las islas en un C-130 *Hércules* y era tan móvil que cambiaba de posición varias veces al día; lanzó diez misiles, con los que derribó cuatro *Harrier* y alcanzó a otro. El equipo personal de los soldados argentinos era bueno, pero se desgastó mucho durante la campaña y no había suficientes repuestos, por eso algunos soldados llevaban el uniforme hecho jirones al final de los combates. En cambio, el sistema logístico abasteció de botas en grandes cantidades, ya que en Port Stanley había grandes reservas de estas.

bio *Fearless* a finales del año; se iba a vender el *Invincible* a Australia; incluso los astilleros de Portsmouth y Chatham iban a ser reducidos o desmantelados, pues sus trabajadores habían comenzado a recibir sus notificaciones de despido.

Por otra parte, Argentina hubiese contado con otros siete u ocho aviones *Super Etendard* y tal vez hubiera tenido más de 20 misiles *Exocet* en sus polvorines. No parece probable que la primera ministra Margaret Thatcher hubiera cedido ni una pulgada de territorio británico sin luchar, pero hubiera encontrado muchas más dificultades para recuperar las islas Falkland que las que tuvo. De todos modos, ella tenía muy claro que Gran Bretaña tenía que reaccionar con todas sus fuerzas o muchas posesiones británicas en todo el globo se hubieran visto en peligro debido al mal ejemplo sucedido en las Malvinas.

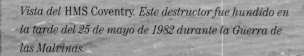

Vista del HMS Coventry. *Este destructor fue hundido en la tarde del 25 de mayo de 1982 durante la Guerra de las Malvinas.*

RESULTADOS FINALES Y CONSECUENCIAS DE ESTA GUERRA

Los argentinos han declarado que disponían de un total de 84 aviones operativos en esta guerra; las estimaciones británicas eran de 103 aviones argentinos destruidos. Está claro que hay que tomar ambas cifras con un mínimo escepticismo. Gran Bretaña modificó sus especificaciones sobre sus buques de guerra. Los destructores *Type* 42 y las fragatas *Type* 21 estaban construidas en parte con aluminio en vez de acero y con mamparos de materiales demasiado blandos para ahorrar costes; el aluminio se fundía rápidamente, y este metal y esos materiales ardían con demasiada facilidad e inflamaban los aislantes de los cables eléctricos y otros equipos fundamentales de a bordo. Los nuevos tipos de destructores y fragatas volvieron a ser algo más sólidos.

Un helicóptero Lynx 335 *asignado al* HMS Cardiff.

BAJAS POR «FUEGO AMIGO» EN BLUFF COVE

La falta de coordinación y cooperación entre la *Royal Navy* y el Ejército británico causó bajas debidas al «fuego amigo». El 5 de junio por la noche el destructor *Cardiff* derribó por error a un helicóptero que transportaba parte de las fuerzas de la 5.ª brigada que iban a desembarcar en Bluff Cove, al sur de Puerto Stanley. Esto se debió a varios motivos: la 5.ª brigada no tenía un oficial de enlace naval adjunto; se había retrasado el informe del vuelo al Cuartel General del general Moore, para que este informara a su vez a la *Royal Navy*; el contraalmirante Woodward no había informado al general Moore de que había enviado al *Cardiff* a tender una emboscada a los C-130 *Hércules* argentinos que seguían abasteciendo de noche a las tropas en Port Stanley. Finalmente, el *Gazelle* había tenido que apagar el sistema IFF («amigo o enemigo») de identificación electrónica porque interfería con otros instrumentos de a bordo del helicóptero. Como siempre, un grave error con muertes no se debió a un solo motivo, sino a una concatenación de errores y fatales circunstancias.

El destructor Cardiff *se aproxima a la isla Ascensión de regreso de la Guerra de las Malvinas con tres helicópteros* Lynx *detrás.*

La guerra
de **guerrillas**

Las diversas guerrillas en Iberoamérica: las FARC-EP de Colombia, los Montoneros en Argentina, el Frente Sandinista de Nicaragua, los Tupamaros de Uruguay, el MIR de Chile, Sendero Luminoso en Perú, el Frente Farabundo Martí de El Salvador y los zapatistas de México, tienen cada una sus peculiaridades que analizamos en este capítulo.

Cada país y cada guerrilla tiene sus características propias marcadas por la situación en la que se desarrollan. Pero las guerrillas tienen unas peculiaridades comunes que, entre otras cosas, han generado su creación y su desarrollo. Algunas acaban derivando hacia la política, pero otras continúan estando al margen de la ley. Por eso, antes de explicar cada una de ellas, ofrecemos un análisis de las guerrillas a través de su historia y de la llamada guerra asimétrica.

LA GUERRA ASIMÉTRICA

Se llama guerra asimétrica a un conflicto violento en el que existe una gran desproporción entre las fuerzas militares y el poder político de los bandos implicados. Esto obliga a los dos bandos a utilizar medios que no son los habituales del arte militar. Entre estos medios figuran la guerra de guerrillas, la resistencia, el terrorismo, la subversión y la desobediencia civil, por un lado, y la contrainsurgencia, la guerra sucia o el llamado terrorismo de estado, por el otro lado. En la guerra asimétrica no existen ni un frente definido ni acciones militares convencionales.

Por el contrario, esta guerra se basa en una combinación de acciones políticas y militares para implicar a la población civil de un lado o del otro. El ejemplo más típico de guerra asimétrica es la guerra de guerrillas. Se trata de un tipo de combate en el que fuerzas irregulares se enfrentan a un ejército regular. Su táctica más habitual consiste en hostigar al enemigo en su propio terreno con grupos armados pequeños e irregulares, y mediante ataques rápidos y por sorpresa a destacamentos pequeños, puestos aislados y convoyes para obtener armas, provisiones o equipos.

> La guerra asimétrica es casi un sinónimo de la guerra de guerrillas: fuerzas regulares combaten contra grupos pequeños e inconstantes

Estas acciones se realizan aprovechando las ocasiones propicias, evitando sistemáticamente los combates en los que no estén en condiciones de superioridad.

HISTORIA DE LAS GUERRILLAS

• **Las guerrillas en la Edad Antigua y Media.** Los términos guerrilla y guerrillero comenzaron a usarse en España durante la invasión napoleónica y la guerra de Independencia que tuvo lugar a principios del siglo XIX. Sin ese nombre, esta forma de lucha se dio a lo largo de toda la historia. Muchos grandes conquistadores, como Alejandro Magno o Aníbal, tuvieron que hacer frente a las guerrillas de las tribus indígenas durante alguna de sus campañas. En la propia península Ibérica se encuentran ejemplos de guerrillas ya durante la conquista cartaginesa y la romana.

• **Las guerrillas en la Edad Moderna y Contemporánea.** Más cercano en el tiempo, las primeras escaramuzas de los patriotas de la revolución americana son un ejemplo de guerra de guerrillas, aunque luego se reduce a un conflicto convencional, con ejércitos regulares que lograron la independencia apoyados por Francia y España. Como hemos explicado, los términos guerrilla y guerrilleros se acuñaron durante la guerra de la Independencia contra Napoleón en territorio español. Aprovechando las condiciones naturales que entonces reunía el territorio peninsular, se crearon gran cantidad de partidas de guerrilleros, aunque casi todos los cabecillas acabaron uniformando a su guerrilla y convirtiéndola en una brigada de voluntarios uniformados. El propio Napoleón Bonaparte llegó a considerar la resistencia española la causa principal de su derrota, por encima incluso, según su opinión, de la catástrofe de Rusia.

• **La guerrilla en el siglo XX.** A finales del siglo XIX y principios del XX, en la fase final de la guerra de los Bóers, en Sudáfrica, los colonos holandeses utilizaron esa táctica.

En las primeras décadas del siglo XX, el Partido Liberal Mexicano, Doroteo Arango (Pancho Villa) y Emiliano Zapata formaron ejércitos de campesinos en México e iniciaron una revolución con métodos de guerrilla, finalmente frustrada.

Durante la Primera Guerra Mundial, el británico Lawrence de Arabia utilizó la guerra de guerrillas, con el apoyo de los árabes y contra los turcos, con devastadores efectos.

En 1926 el patriota nicaragüense Augusto César Sandino organizó una revuelta minera en

Miembros del brazo armado del PKK (Partido de los Trabajadores del Kurdistán) cruzando la frontera con Irak.

Retrato de Augusto César Sandino, líder de la resistencia nicaragüense contra el ejército de ocupación de Estados Unidos, contra el que mantuvo una guerra de guerrillas a comienzos del siglo XX.

Guerrilla urbana. La guerrilla urbana es un tipo específico de guerrilla aparecido en la segunda mitad del siglo XX que se caracteriza por desarrollarse en un ambiente urbano como parte de una estrategia coordinada de lucha militar, normalmente de naturaleza anticolonial o revolucionaria. La guerrilla de la segunda mitad del siglo XX se ocultó y actuó en las ciudades y realizó operaciones de tipo comando y ataques con bombas no solo contra objetivos policiales y militares, sino también contra bancos y otras empresas. También recurrió al secuestro como forma de propaganda armada y de acopio de fondos para solventar sus actividades, de las cuales algunas han sido conocidas dada su intensidad.

La llamada guerrilla urbana marxista tuvo manifestaciones en Europa, con las Brigadas Rojas de Italia o la Fracción del Ejército Rojo en Alemania. También en América Latina, principalmente en Argentina y Uruguay, la guerrilla actuaba en las ciudades, como ya había ocurrido en Argelia. La más característica al principio fue el Movimiento M-19 en Colombia.

el departamento de León. Como fracasó, se vio obligado a buscar refugio en las montañas de Las Segovias y trató de aliarse con el gobierno liberal rebelde de Juan Bautista Sacasa. Pero al producirse un desembarco de los marines de Estados Unidos para apoyar al gobierno de Adolfo Díaz, Sandino volvió a su refugio de El Chipote, reunió hasta 2.000 hombres bajo su mando y, mediante tácticas guerrilleras de ataques por sorpresa y ocultación en el terreno, llegó a controlar hasta cuatro departamentos, manteniendo su lucha de guerrillas hasta 1933, en que se firmó el Pacto por la Paz y Sacasa ocupó la presidencia de Nicaragua. En 1934 Sandino fue por fin detenido y fusilado.

Desde 1927 Mao Tse Tung utilizó la guerra de guerrillas para sobrevivir al acoso al que le sometió el *Kuomintang* en la primera etapa de la revolución china y se extendió su ejemplo.

Las guerrillas abundaron en África e Iberoamérica en las décadas de 1950 y 1960. La guerrilla dirigida por Fidel Castro en Cuba contra el régimen de Fulgencio Batista logró tomar el poder en 1959 y esto dio ánimos a todos los grupos guerrilleros del continente. Uno de sus principales seguidores, el argentino Ernesto *Che* Guevara, se convirtió en una figura emblemática de los movimientos guerrilleros de izquierdas que intentaron llevar a cabo revoluciones socialistas en el llamado Tercer Mundo, pero fracasó en Bolivia, donde fue capturado y ejecutado.

OBJETIVOS DE LA GUERRILLA

Las guerrillas que se plantearon como de liberación nacional en la década de 1960 se proponían crear ejércitos populares a partir de la lucha de grupos guerrilleros para derrocar al gobierno y hacerse con el poder.

Las guerrillas pueden recibir apoyo en forma de armas, suministros médicos e instructores militares de su propio ejército o de sus aliados. El proceso comienza con la llegada de una fuerza extranjera o un gobierno opresor y el naci-

Nuevo Cuarto Ejército comunista que dejó de ofrecer resistencia a las tropas del Kuomintang *cuando se decretó el primer alto el fuego el 14 de enero de 1946.*

miento de un sentimiento en ciertos grupos para terminar con él. Otra posibilidad es que un grupo dado decida hacerse con el control del poder, pero vea que no posee el apoyo popular suficiente para llegar al gobierno por métodos democráticos y por ello diseñe una estrategia para desestabilizar el país y tomar el control por la fuerza. En esta fase se entablan relaciones entre los distintos grupos opositores, y se comienza a establecer la organización de mando y a realizar las primeras acciones.

FASE DE CONSOLIDACIÓN

Cuando la fuerza gubernamental comienza a actuar, los guerrilleros suelen retirarse a lugares poco accesibles, donde se entrenan, perfeccionan su preparación militar, planean sus acciones y regresan a la zona de combate para efectuar

sus operaciones. Estos lugares suelen ser también los arsenales donde guardan el armamento capturado al enemigo y el comprado en el mercado negro.

LAS BASES O SANTUARIOS DE LAS GUERRILLAS

Los guerrilleros tienen sus bases en regiones de difícil acceso y con el apoyo tácito de la población de la zona y, a veces, de los estados vecinos, de los que suelen depender para el suministro de armas y explosivos. El éxito de los grupos de guerrilleros se suele obtener después de una lucha prolongada, que solo es posible si se cuenta con el apoyo de un sector importante de la población, que suministra alimentos, esconde a los guerrilleros, ayuda a curar a los heridos y niega sistemáticamente la información al enemigo. La guerrilla moderna suele instalar sus santuarios

Un batallón del PKK (Partido de los Trabajadores del Kurdistán) preparado para llegar a la frontera iraní.

Estrategia de la guerrilla. Las estrategias de guerrilla están diseñadas para debilitar al enemigo a través de una larga serie de ataques menores. Una fuerza de guerrillas se divide en pequeños grupos que atacan de forma selectiva el objetivo en sus puntos más débiles, sin implicarse en grandes batallas. Para ser efectivas, las guerrillas deben ser capaces de replegarse entre ataque y ataque a su santuario o escondite en zona segura. La táctica habitual de las guerrillas se basa en una secuencia repetida de ataques, retiradas y desaparición en sus escondites o en las zonas dominadas por ellos. Así, se dice que «las guerrillas nunca ganan las guerras, pero que sus adversarios generalmente las pierden».

o bases de operaciones en zonas de difícil acceso y detección, como bosques, montañas o junglas, desde donde puede salir para hostigar al enemigo en cualquier momento.

FORMA DE ACTUAR DE LAS GUERRILLAS

Los guerrilleros asestan algunos de sus golpes más importantes en forma de sabotajes o atentados contra las líneas de comunicación y de abastecimiento del enemigo o atacan a los servicios públicos para demostrar la inseguridad del estado contra el que luchan. Modernamente, la población civil depende cada vez más de servicios públicos suministrados por el estado o por grandes compañías (agua corriente, electricidad, telefonía fija y móvil, servicios de información por radio, televisión o Internet, transportes por tren o por vía aérea) que son cada vez más vulnerables al sabotaje, ya que el avance de la técnica permite voladuras de instalaciones, puentes y caminos cada vez más fácilmente.

FASE DE PASO A LA GUERRA CONVENCIONAL

Cuando la guerrilla ha conseguido reclutar suficiente gente para formar un ejército, tiene armas y controla tanto terreno como para formar un ejército, termina la fase de consolidación de la guerrilla y pasa a la de enfrentarse al ejército gubernamental en su propio terreno. En estos momentos se suelen iniciar grandes ofensivas para desgastar y desmoralizar al ejército enemigo, que puede reaccionar enfrentándose a la guerrilla y derrotándola en una batalla convencional, o puede retirarse, rendirse o (a veces) disolverse y desaparecer. Este último paso no es una consecuencia inevitable de la guerra de guerrillas y no todos los movimientos consiguen llegar tan lejos, lo consiguieron en China, Cuba, Vietnam, Nicaragua y Afganistán, y normalmente con la ayuda de alguna gran potencia como la Unión Soviética o Estados Unidos; pero en otros casos, como en Argentina, El Salvador, el Sahara occidental, Guatemala, Colombia o México, fracasaron por completo. En estos casos el final del proceso se puede deber a una buena campaña de contrainsurgencia, agotamiento de la guerrilla, cese del apoyo exterior, pérdida del apoyo popular o un alto el fuego negociado.

LA GUERRA DE GUERRILLAS
COMO MÉTODO PARA ALCANZAR EL PODER

La guerra de guerrillas últimamente ha sido usada en diversas guerras populares de liberación, donde la vanguardia del pueblo eligió el camino de la lucha armada irregular contra enemigos de mayor potencial bélico. Asia, África y América han sido escenario de estas acciones cuando se trataba de lograr el poder en la lucha contra la explotación feudal, neocolonial o colonial. Ya Mao Tse Tung había dicho: «El poder nace del fusil». En Europa se empleó la guerra de guerrillas como complemento de los ejércitos regulares propios o aliados.

En América se ha recurrido a la guerra de guerrillas en diversas oportunidades. Como antecedente más cercano se puede mencionar el caso de Augusto César Sandino luchando en las montañas nicaragüenses de Las Segovias contra el gobierno de su país, sostenido por las fuerzas expedicionarias estadounidenses. Y también, más recientemente, la guerra revolucionaria de Fidel Castro y sus seguidores en Cuba.

Entre los movimientos inspirados en la revolución de Fidel Castro y en los escritos del *Che* Guevara se pueden destacar el Ejército Revolucionario del Pueblo (ERP) en Argentina, el Movimiento de Liberación Nacional Tupamaros en Uruguay o el Frente Sandinista de Liberación Nacional en Nicaragua.

Siguiendo la línea de actuación del *Vietminh* y luego del FLN, los guerrilleros hispanoamericanos recurrieron al terrorismo con el fin de empujar a los gobiernos a represalias desmesuradas y con ello ganar adeptos, pero el cálculo no les salió bien. Unas veces las reacciones de los gobiernos fueron brutales y esto terminó con los propios movimientos guerrilleros antes de que estos se pudieran beneficiar del resultado de su maniobra. En algunos casos la guerrilla urbana llevó a desestabilizar un régimen democrático, como en Uruguay y Argentina, y facilitar el paso a la dictadura militar, que les reprimió aún más duramente.

EL DEBATE ENTRE LOS REVOLUCIONARIOS

Ante todo hay que precisar que la guerrilla es un método para lograr la conquista del poder político. En consecuencia, surge el interrogante: ¿Es la

Vista de la inaccesible Sierra de Escambray, en la provincia de Cienfuegos, en Cuba, donde Fidel Castro instaló su campamento al comienzo de la Revolución Cubana.

guerra de guerrillas la única manera de tomar el poder en América? ¿Será, en todo caso, la forma predominante? ¿O simplemente será una fórmula más entre todas las usadas para la lucha? En último extremo, la pregunta es: ¿será aplicable a otras realidades continentales el ejemplo de Cuba?

Algunos critican a aquellos que quieren centrarse en hacer la guerra de guerrillas, como Ernesto *Che* Guevara, aduciendo que se olvidan de la lucha de masas, casi como si fueran métodos contrapuestos.

La mayoría de los revolucionarios consideran que la guerrilla es la vanguardia combativa del pueblo, situada en un lugar determinado de algún territorio dado, armada, dispuesta a desarrollar una serie de acciones bélicas tendentes al único fin estratégico posible: la toma del poder. Debe estar apoyada por las masas campesinas y obreras de la zona y de todo el territorio de que se trate. Sin esas premisas no se puede admitir la guerra de guerrillas.

LA LUCHA DE SANDINO EN NICARAGUA (1926-1934)

Augusto César Sandino era un hijo natural de Gregorio Sandino, un importante cafetero nicaragüense y uno de los líderes del Partido Liberal. Había nacido en Niquinohomo en 1893. Desde muy joven había trabajado en el extranjero y luego el Partido Conservador le exilió. En 1926 se produjo en Nicaragua el golpe de estado de Eduardo Chamorro contra Juan Bautista Sacasa

Marines norteamericanos del 3.º Regimiento de Marines destruyen un artefacto explosivo en el sur de Shorsurak, provincia de Helmand, en junio de 2010. Se trata de una de tantas acciones de la Operación Nuevo Amanecer en la que el Ejército Nacional de Afganistán y los marines estadounidenses se enfrentaron a las acciones terroristas de guerrilla.

(liberal) y Carlos Solórzano (conservador), que concurrían unidos a las elecciones. Finalmente, una fuerza expedicionaria de marines de los Estados Unidos impuso a Adolfo Díaz como presidente en noviembre de 1926.

PRIMERAS ACCIONES DE LA GUERRILLA

Sandino había regresado a Nicaragua para organizar una revuelta de los mineros en el departamento de León. Fracasó y tuvo que huir con unos 100 hombres a las montañas de Las Segovias, y se ofreció a Sacasa, jefe del gobierno liberal rebelde. Poco a poco reunió un grupo de 2.000 hombres y, a partir de enero de 1927, llegó a controlar a cuatro departamentos del país. Cuando el general liberal José María Moncada aceptó la invasión estadounidense, Sandino decidió seguir la lucha por su cuenta, que no sería «contra los malos nicaragüenses, sino contra los propios invasores de Norteamérica». Durante dos años mantuvo una guerra de guerrillas contra los soldados gubernamentales y los marines estadounidenses, que llegaron a emplear contra él la aviación en el combate de Ocotal (julio de 1927).

FIN DE SANDINO

Sandino trató de organizar una conferencia sobre las bases del no intervencionismo estadounidense y el trato soberano entre naciones, pero no tuvo éxito. Entre 1930 y 1932 luchó duramente en la zona de Las Segovias contra los marines y la guardia nacional de Nicaragua. La guerrilla de Sandino sobrevivió gracias a sus tácticas de ocultación y ataques por sorpresa.

En 1933 el presidente Franklin Roosevelt retiró a los marines y dejó a la guardia nacional de Nicaragua, mandada por Anastasio Somoza, sobrino de Moncada. Se firmó el Pacto de la Paz, Sacasa fue aceptado como presidente y la guerrilla de Sandino fue desmovilizada. En febrero de 1934 Sandino se presentó al presidente Sacasa para exigirle una serie de cambios y a la salida del palacio fue detenido y fusilado junto con sus tres acompañantes.

FIDEL CASTRO Y SU REVOLUCIÓN EN CUBA (1956-1959)

En 1952 el general Fulgencio Batista se rebeló contra el Gobierno de Carlos Prío Socarrás y anuló las elecciones a las que el abogado Fidel Castro se había presentado como candidato independiente. Entonces Fidel Castro reunió un grupo de jóvenes y decidió atacar el cuartel Moncada de Santiago de Cuba el 26 de julio de 1953. El ataque fracasó y Fidel Castro, con algunos supervivientes, trató de llegar a Sierra Maestra. Fue capturado y condenado a 22 meses de prisión. En su alegato durante el juicio, mencionó por primera vez su idea «la historia me absolverá», que luego fue el título de su defensa.

EL DESEMBARCO EN EL GRANMA (1956)

Fidel Castro se exilió a Estados Unidos y luego a México. Consiguió dinero y organizó un grupo de 82 hombres que embarcaron con él en el yate *Granma* y desembarcaron en Cuba el 2 de diciembre de 1956. El Ejército cubano les esperaba

---

Las fases de la guerra revolucionaria. La revolución cubana hizo tres aportaciones fundamentales a la ideología de los movimientos revolucionarios en América: 1) Las fuerzas populares pueden ganar una guerra contra el ejército. 2) No hay que esperar siempre a que se den todas las condiciones para la revolución; el foco insurreccional puede crearlas. 3) En la América subdesarrollada, el terreno de la lucha armada debe ser fundamentalmente el campo. Sentadas estas premisas, se puede movilizar al campesinado para participar en la lucha armada mediante la guerra de guerrillas, siguiendo las tres fases que todo movimiento guerrillero está obligado a cubrir, que son las siguientes. FASE 1: movilización del campesinado y establecimiento de la organización de la guerrilla. FASE 2: establecimiento de bases rurales e incremento de la coordinación entre las guerrillas. FASE 3: transición a una guerra convencional.

LAS OPERACIONES DE COMANDOS

La guerra de guerrillas se utiliza con frecuencia en situaciones de guerra asimétrica. En los ejércitos modernos, a estos ataques se les suele llamar operaciones de comandos si los realizan tropas regulares. Un comando es un grupo de soldados entrenados y armados en un ejército regular que realiza operaciones audaces en campo enemigo, llevando un uniforme reconocido, y luego se retira rápidamente al territorio propio. Los guerrilleros también pueden actuar en relación con el ejército regular; pero son, normalmente, milicias integradas básicamente por civiles sin uniformar. En ocasiones los comandos del ejército regular y los guerrilleros pueden colaborar para asegurar el éxito de una operación en territorio dominado por el ejército enemigo.

Explosión provocada por la guerrilla cerca de un coche con soldados regulares en el desierto.

y solo algunos supervivientes, entre ellos Ernesto *Che* Guevara, Raúl Castro, Juan Almeida y Camilo Cienfuegos, lograron llegar hasta Sierra Maestra, donde bajo la dirección de Fidel comenzaron la guerra de guerrillas contra el régimen de Batista.

LA GUERRILLA EN SIERRA MAESTRA (1956-1958)

Durante dos años Fidel Castro se mantuvo en Sierra Maestra y logró aumentar su fuerza hasta 800 guerrilleros. Una entrevista que le hizo el periodista Herbert Matthews para el periódico *The New York Times* le dio gran renombre. Batis-

ta envió contra él gran número de tropas, pero que no servían para la guerra de guerrillas. Los guerrilleros consiguieron algunas victorias, como la de Santa Clara, que les dieron aún más prestigio.

LA TOMA DEL PODER (ENERO DE 1959)

El 30 de diciembre de 1958 se produjo un golpe de estado del Ejército cubano contra Batista. El 31 de diciembre el general Rego Rubido entregó a Fidel el cuartel Moncada como demostración simbólica de su triunfo. El 8 de enero de 1959

Icónica fotografía de Ernesto Che *Guevara tomada por el fotógrafo cubano Alberto «Korda» Gutiérrez durante la memoria de las víctimas de la explosión de La Coubre, cuando un vehículo militar belga explotó en el puerto de La Habana el 5 de marzo de 1960 dejando 136 muertos. Korda fue fotógrafo del periódico cubano Revolución y retrató al* Che *cuando apareció brevemente en el escenario durante un largo discurso de Fidel Castro. La fotografía original se tituló «Guerrillero Heroico». El* Che *Guevara fue uno de los comandantes de la Revolución Cubana y un impulsor de la lucha de guerrillas en varios países latinoamericanos.*

Las fuerzas militares de Colombia supervisaban los territorios donde los miembros de las FARC actuaban. En la imagen, infantes de marina inspeccionan el río Guayabero el 8 de noviembre de 2012, en La Macarena, Colombia.

CONDENA MUNDIAL DE LAS FARC-EP

Las naciones de la Unión Europea consideraron a las FARC una organización terrorista, pero los gobiernos de Venezuela, Ecuador, Bolivia, Nicaragua y Brasil las consideran como «un asunto interno de Colombia», aunque el ministro de Defensa brasileño, Nelson Jobim, declaró que si las FARC entraban en su territorio serían «recibidas a bala». La ONU, Amnistía Internacional y Human Rights Watch han condenado a las FARC-EP por muchos motivos: reclutamiento de menores, actos de violencia sexual contra mujeres y niñas, secuestros de civiles, trato inhumano a rehenes, asesinatos de rehenes, abortos, desapariciones y desplazamientos forzados, uso de armas químicas y cilindros-bomba y ejecuciones extrajudiciales. Las FARC actuaron en 24 de los 32 departamentos de Colombia. El gobierno colombiano incluso denunció que había campamentos en países fronterizos, como Venezuela, Ecuador, Panamá y Brasil. Las fuerzas armadas colombianas dijeron en 2010 que las FARC contaban con unos 18.000 miembros; 9.000 eran guerrilleros armados y los otros 9.000, confidentes y personas que prestaban su apoyo a las FARC, y aunque al principio las FARC tenían un carácter rural, con acciones esporádicas en su zona de influencia, luego se dedicaron al narcotráfico, la guerra de guerrillas y los actos terroristas, como la colocación de minas antipersona.

Castro hizo su entrada triunfal en La Habana e instauró su régimen. Empezó con los llamados juicios populares y la eliminación de los enemigos de su régimen. Para enfrentarse mejor a Estados Unidos pactó con la Unión Soviética y esto dio origen a la llamada crisis de los misiles. Las condiciones de vida del pueblo cubano empeoraron drásticamente bajo el régimen de Fidel, pero su rápido triunfo en solo dos años de guerrilla y su enfrentamiento continuado con los Estados Unidos le han convertido en el modelo de muchos movimientos en Iberoamérica y en todo el mundo.

LAS FARC-EP (FUERZAS ARMADAS REVOLUCIONARIAS DE COLOMBIA-EJÉRCITO DEL PUEBLO)

Las FARC son la guerrilla más antigua y numerosa de América Latina. Las FARC operaban en Colombia y en las regiones fronterizas de Venezuela, Ecuador, Panamá, Perú y Brasil. Se trata de un grupo terrorista que se autoproclamaba marxista-leninista. Se crearon en 1964. Su primer jefe fue Pedro Antonio Marín, conocido como *Manuel Marulanda* o *Tirofijo*, muerto en marzo de 2008. Luego su jefe fue Guillermo León Sáenz, alias *Alfonso Cano*, muerto el 4 de noviembre de 2011. Su último jefe fue Rodrigo Londoño Echeverri, alias *Timochenko* o *Timoleón Jiménez*. La mayoría de los estados los consideró un grupo terrorista. A partir de mayo de 1982 las FARC se autonombraron Ejército del Pueblo (FARC-EP) y se propusieron tomar el poder en la década de los noventa.

ACCIONES DEL GOBIERNO COLOMBIANO

Diversos presidentes de Colombia, como Gustavo Rojas Pinilla, Belisario Betancourt, Andrés Pastrana y Álvaro Uribe, han tratado de negociar el fin de la violencia con amnistías, altos el fuego, intercambios de prisioneros, zonas desmilitarizadas y actos similares, o han intentado acabar con ellas mediante acciones militares. El 1 de marzo de 2008 un bombardeo de la Fuer-

Manifestación de Montoneros en junio de 1973 pidiendo el retorno de Juan Domingo Perón.

Una imagen de la Noche de los Bastones Largos, cuando el 29 de julio de 1966 la policía argentina desalojó cinco facultades de la Universidad de Buenos Aires que habían sido ocupadas por estudiantes y profesores que se oponían al gobierno. El nombre viene de la dura represión empleada por la policía contra los encerrados. Este hecho produjo una notable fuga de cerebros en Argentina y fue el germen del movimiento Montonero.

za Aérea colombiana mató a Luis Edgar Devia Silva, alias *Raúl Reyes*, en su campamento en Ecuador; el 26 del mismo mes murió *Tirofijo*. En septiembre de 2010 murió Víctor Julio Suárez, alias *El Mono Jojoy*, jefe de sus pistoleros, en otro bombardeo. El 9 de abril de 2011 la policía detuvo a Víctor Ramón Vargas Salazar cuando trataba de enlazar con ETA para asesinar a dos ex presidentes colombianos. El 4 de noviembre de 2011 fue abatido su líder *Alfonso Cano*. Todas las medidas fracasaron hasta que el 23 de junio de 2016 se declaró el cese de acciones militares, entrega de armas y reinserción a la vida civil de los guerrilleros de las FARC durante el gobierno de Juan Manuel Santos.

LOS MONTONEROS EN ARGENTINA

En Argentina, la primera guerrilla organizada fueron los Uturuncos, que significa «Hombres Tigres» en idioma aborigen. En la década de 1960 apareció la organización guerrillera urbana Montoneros. Sus objetivos iniciales fueron la

Comandante Carlos Fonseca Amador, creador del FSLN de Nicaragua.

desestabilización del Gobierno de los generales (Onganía, Levingston, Lanusse) entre 1966 y 1973 y el retorno al poder del general Juan Domingo Perón y el Partido Peronista. El general Perón primero la apoyó y luego se distanció de ella. En septiembre de 1974 volvió a la clandestinidad. Actuó con fuerza hasta 1979.

PRIMERAS ACCIONES: SUS RELACIONES CON EL GENERAL PERÓN

Su primera acción conocida, el 1 de junio de 1970, fue el secuestro y asesinato del general Pedro Eugenio Aramburu, jefe de la sublevación militar que había derrocado el régimen de Perón en 1955. El 1 de julio del mismo año actuaron en La Calera: tomaron la comisaría, asaltaron el banco local e inutilizaron la central telefónica. Así iniciaron un proceso de rápida captación de cuadros en el peronismo. Luego empezaron a asesinar militares, políticos y cargos del régimen. Perón les recibió en su exilio en Madrid y les alentó, aunque luego prefirió apoyarse en el ala histórica de su partido.

MONTONEROS SE ENFRENTA AL PERONISMO. DERROTA ANTE EL RÉGIMEN MILITAR

En septiembre de 1973 Montoneros se fusionó con las FAR (Fuerzas Armadas Revolucionarias), que asesinaron al secretario general de la CGT, José Ignacio Rucci. El 1 de mayo de 1974 Perón les llamó «estúpidos e imberbes» y pasaron a la clandestinidad. En septiembre de 1975 la presidenta María Estela de Perón les ilegalizó y el ministro López Rega creó la Alianza Anticomunista Argentina (AAA) para luchar contra Montoneros y otras organizaciones de izquierda. Así comenzó la «guerra sucia» entre Montoneros y el gobierno.

Montoneros secuestró a los hermanos Born para obtener un rescate de 60 millones de dólares estadounidenses, y el gobierno detuvo a Roberto Quieto, líder de Montoneros, que proporcionó gran cantidad de información sobre la guerrilla. Antes y después de la nueva instauración de una dictadura militar, Montoneros asesinó militares, puso una bomba en el destructor *Santísima Trinidad*, hizo estallar una bomba en la pista de aeródromo de San Miguel de Tucumán cuando despegaba un avión militar C-130, y atacó el cuartel del regimiento de infantería n.º 26 en Formosa; el asalto falló y tuvieron algunas bajas. Atacaron la Escuela de Policía de La Plata, tendieron una emboscada a un pelotón del regimiento de infantería aerotransportada n.º 14 y atacaron todo tipo de unidades militares.

El régimen militar reaccionó aislando y derrotando a Montoneros en un clásico ejemplo de guerra sucia, continuando la política represiva iniciada por la presidenta María Estela de Perón. Finalmente, la dirección de Montoneros se exilió en México y luego en Cuba, pues el gobierno argentino se había infiltrado en la organización.

FRENTE SANDINISTA DE LIBERACIÓN NACIONAL (FSLN) DE NICARAGUA

La guerrilla nicaragüense del Frente Sandinista de Liberación Nacional (FSLN) se fundó en 1961 y tomó el poder en julio de 1979 tras derrocar al dictador Anastasio Somoza. Es una organización política de izquierdas, con una línea ideológica marxista-leninista. Forma parte de la Internacional Socialista.

Los sandinistas estuvieron a la cabeza de la lucha contra la dictadura de la familia Somoza en Nicaragua desde que se fundó el movimiento. Han pasado por vicisitudes muy variadas, desde periodos de gran actividad armada y política hasta su casi desaparición a principios de la década de los setenta. En 1970 iniciaron un proceso creciente de actividades armadas, llamado Revolución Popular Sandinista, que alcanzó el cénit en 1978 y les llevó al triunfo revolucionario de 1979, derrocando a Anastasio Somoza Debayle, último representante de la familia que gobernó Nicaragua desde la muerte de Augusto César Sandino en 1934.

En junio de 1959, en El Chaparral, una región hondureña fronteriza con Nicaragua, las tropas

EL PROGRAMA POLÍTICO DEL FRENTE SANDINISTA EN 1969

En 1969 el FSLN hizo público un programa de 14 puntos entre los que destacaban la revolución agraria, la legislación laboral y la seguridad social, el gobierno revolucionario y la honestidad administrativa, la reincorporación de la costa atlántica, la emancipación de la mujer y el respeto a las creencias religiosas, la política exterior independiente y la solidaridad internacional, el ejército patriótico popular y la eliminación de la guardia nacional, y la unidad centroamericana. Además, durante un periodo, el Frente Sandinista se unió en su guerrilla con el líder comunista salvadoreño Agustín Farabundo Martí, que rompió con Sandino cuando este no aceptó su programa.

hondureñas aniquilaron un grupo guerrillero nicaragüense; para esta operación se coordinaron los servicios de inteligencia de Honduras y Nicaragua. A continuación hubo una serie de combates adicionales, donde murieron muchos líderes de la oposición a Somoza. Hasta entonces la oposición tradicional, liderada por el Partido Comunista nicaragüense, no había sido capaz de establecer un frente común contra la dictadura. La oposición se fue creando en torno a varias organizaciones estudiantiles clandestinas. Entre sus líderes estaba Carlos Fonseca Amador, que fue un creador del FSLN. En octubre de 1957 se había formado en México el Comité Revolucionario Nicaragüense, presidido por Edén Pastora Gómez.

Fueron apareciendo diversas organizaciones, que finalmente se fusionaron en el Frente de Liberación Nacional (FLN), denominación tomada a imitación del FLN de Argelia. Finalmente, en 1963, a propuesta de Carlos Fonseca, se añadió la denominación de Sandinista.

LA ESTRATEGIA DE LA LUCHA EN LA MONTAÑA

Los revolucionarios nicaragüenses, inspirados por el ejemplo de Fidel Castro, decidieron empezar con una guerrilla rural en las montañas.

Daniel Ortega en los actos de celebración del 31.°
aniversario de la Revolución Popular Sandinista en
julio de 2010, ante miles de simpatizantes del gobierno
de FSLN, en la plaza La Fe de Managua.

Fue un ejemplo de «foquismo» que fracasó. Durante 17 años sufrió varias derrotas en escaramuzas con el ejército, no logró motivar a los campesinos y no llegó a controlar ningún territorio. La organización casi desapareció.

Paradójicamente, fue la derrota denominada «la gesta de Pancasán», el 15 de julio de 1969, en la que murieron casi todos los componentes de la guerrilla y, entre otros, Silvio Mayorga y Rigoberto Cruz, lo que convenció al FSLN de que debían cambiar su estrategia. A continuación la guardia nacional asaltó una casa en Managua, que era un refugio del FSLN: fue la primera operación de contraguerrilla que fue retransmitida por televisión, tratando de desprestigiar al FSLN.

PERIODO DE HIBERNACIÓN.
TOMA DEL PALACIO DEL CONGRESO

En 1970, después de estas derrotas, los sandinistas dedicaron cuatro años a la «acumulación de fuerzas en silencio», preparando a sus cuadros y acumulando recursos. A partir de diciembre de 1974 volvieron a la actividad guerrillera, capturando al embajador de Estados Unidos y a figu-

ras prominentes del régimen somocista. En 1976 se escindieron en tres grupos, según su manera de ver el camino para acabar con el régimen de Somoza. El 22 de agosto de 1978 un grupo de guerrilleros dirigido por Edén Pastora (*Comandante Cero*) asaltó el palacio del Congreso deteniendo a los senadores y diputados y a 3.000 personas más como rehenes. Somoza se vio obligado a liberar prisioneros políticos, publicar comunicados, entregar 500.000 dólares y dejar que los asaltantes se fueran al extranjero.

INICIO DE LA INSURRECCIÓN GENERAL.
REUNIFICACIÓN DEL FSLN. VICTORIA SOBRE
SOMOZA

Se inició una insurrección general en muchos pueblos, pero la guardia nacional reaccionó con efectividad y los insurrectos tuvieron que huir a las montañas. Sin embargo, Venezuela, Costa Rica, Panamá y México se manifestaron a favor de los insurrectos y comenzó una insurrección generalizada contra la dictadura. En marzo de 1979 las tres facciones del FSLN volvieron a reunificarse en una sola guerrilla. Cuando vio que la guerrilla avanzaba imparable hacia Managua, Somoza dimitió y fue sustituido por el presidente del Congreso Nacional, Francisco Urcuyo, que en uno de sus primeros actos como presidente hizo un llamamiento al FSLN a que depusiera las armas. La respuesta sandinista fue acelerar su avance y Urcuyo abandonó el país. La guardia nacional se derrumbó y los guerrilleros sandinistas entraron en Managua el 19 de julio de 1979 poniendo fin al régimen somocista y comenzando lo que se conoce como la revolución sandinista. El FSLN se hizo cargo del gobierno mediante la Junta de gobierno de Reconstrucción Nacional.

El gobierno de reconstrucción nacional incorporó personalidades de varios partidos políticos, pero se rompió por sus irrenunciables diferencias sobre cómo hacer valer la hegemonía popular y el FSLN empezó a gobernar en solitario. Nacionalizó la banca y comenzó a repartir las tierras de los latifundistas en una reforma agraria. Estados Unidos reaccionó organizando y financiando la denominada «contra» (contra-rrevolución) a base de las unidades de la guardia nacional de Somoza que habían pasado a Honduras. Pronto hubo miles de contras luchando contra el régimen sandinista. La guerra civil produjo unos 3.000 muertos en cuatro años y graves pérdidas económicas, que se sufragaron con ayudas de Cuba y la Unión Soviética.

EL FSLN SE CONVIERTE EN UN PARTIDO POLÍTICO

En la elecciones de 1984 y 1987 venció Daniel Ortega, que aplicó una rígida censura de prensa y se enfrentó a la Iglesia católica. Algunos presos detenidos fallecieron en extrañas circunstancias y algunos prohombres del régimen se lucraron con propiedades expropiadas. El gobierno de Estados Unidos dejó de financiar a la contra y la Unión Soviética a los sandinistas. En las elecciones presidenciales de febrero de 1990 el FSLN tuvo que entregar al poder a Violeta Chamorro, líder de la Unión Nacional Opositora (UNO), que revalidó su victoria en las elecciones de 1996 y 2001. Pero Daniel Ortega recuperó la presidencia en las elecciones de noviembre de 2006 con un 38% de los votos. En las elecciones municipales de 2008, 2009 y 2011 el FSLN obtuvo unas claras victorias, aunque la oposición denunció irregularidades y falta de observadores internacionales. El 5 de noviembre de 2011 hubo nuevas elecciones generales en Nicaragua y el FSLN logró el 63% de los votos, con lo cual parece que se ha convertido en un partido político y que no volverá a reincidir en las actividades guerrilleras.

EL MOVIMIENTO DE LIBERACIÓN NACIONAL-TUPAMAROS (MLN-T) DE URUGUAY

El Movimiento de Liberación Nacional-Tupamaros es un ejemplo clásico de guerrilla urbana que luego ha evolucionado hacia un partido político democrático. Empezó como un movimiento de iz-

Tupac Amaru II en un billete peruano. En 1780 hubo una revolución indígena contra el Virreinato español del Perú encabezada por el jefe indio Tupac Amaru II, de donde viene el nombre del Movimiento Tupamaro. Durante la época colonial, la policía daba el nombre despectivo de «Tupamaros» a los españoles que se habían adherido al movimiento independentista.

José Mujica, que llegó a ser presidente de Uruguay entre 2010 y 2015, tuvo un pasado guerrillero con el Movimiento de Liberación Nacional Tupamaros, por lo que fue herido y encarcelado en varias ocasiones.

quierda radical (inspirado en la revolución cubana de 1959), que se creó oficialmente en 1965, pero en 1963 ya había intentado un asalto al Tiro Suizo y otro al Banco de Cobranzas. Casi desapareció durante la década de los setenta. En 1989 sus últimos militantes se integraron en la coalición política Frente Amplio, que ganó las elecciones uruguayas de 1989. Finalmente, un militante tupamaro, José Mujica, ganó las elecciones presidenciales de Uruguay en 2010.

PRIMERAS ACCIONES

En 1963 sus militantes ya realizaron un asalto al Tiro Suizo y otro al Banco de Cobranzas. En diciembre de 1966, los Tupamaros asaltaron un local de FUNSA, y en la refriega resultó un guerrillero muerto; pronto caería la dirección de la organización guerrillera, desarticulándose de momento el movimiento. En un principio sus acciones eran solo de aprovisionamiento de armas y de fondos para iniciar luego una lucha de grandes proporciones.

REAPARICIÓN

Tras desaparecer casi por completo en 1966, los tupamaros se recuperaron comenzando de nuevo con acciones para acopiar armas y fondos para la organización y la propaganda política. Como las autoridades uruguayas prohibieron a la prensa dar noticias sobre los Tupamaros, solo se les empezó a conocer cuando publicaron información financiera sobre los manejos económicos de algunas empresas o personajes muy conocidos, o cuando robaron un camión de víveres, que distribuyeron entre los habitantes de un barrio marginal de Montevideo. Todos los políticos liberales y conservadores condenaron la lucha armada, aunque alguno había mantenido contactos con los Tupamaros.

PERIODO DE LUCHA ARMADA

En 1968, bajo el gobierno de Jorge Pacheco Areco, los Tupamaros atacaron y volaron la emisora de Radio Ariel (conservadora), secuestraron al presidente de UTE y asaltaron el Hotel Casino Carrasco, con un botín de varios millones de pesos. No se sabe cuántos militantes tenía entonces este grupo, pero las cifras oscilan entre 6.000 y 10.000. En 1969 asaltaron la financiera Monty, el Casino de San Rafael de Punta del Este, interrumpieron la emisión de un partido de fútbol para leer un comunicado e incendiaron las oficinas de la General Motors. Empezaron a secuestrar banqueros para exigir un rescate. En 1970 la lucha armada tomó mayores proporciones y la policía se vio desbordada muchas veces. En 1971 organizaron la fuga de más de 100 presos del penal de Punta Carretas.

El 14 de abril de 1972 los Tupamaros realizaron cuatro emboscadas simultáneas contra unidades o personas de los escuadrones de la muerte, en los que murieron personajes destacados de ambos bandos. Esa misma tarde las fuerzas del orden reaccionaron con toda su fuerza y detuvieron o mataron a varios destacados militantes de los Tupamaros. Un tupamaro denunció a otros militantes y confesó dónde estaba la cárcel del pueblo, en la que habían estado secuestrados el embajador británico Geoffrey Jackson y varias personas más. También cayó en manos de los militares la plana mayor de la guerrilla, con la cual habían mantenido una serie de contactos políticos para discutir las bases de un programa de cambios económicos y sociales, que se cortaron de golpe. El MLN-Tupamaros estaba desarticulado y derrotado militarmente. Seguros de su triunfo, los militares manifestaron su propósito de «seguir combatiendo la sedición» y consiguieron el permiso del presidente para actuar contra el resto de la izquierda política y los sindicatos.

EL GOLPE DE ESTADO DE LAS FUERZAS ARMADAS

El 27 de junio de 1973, las fuerzas armadas se hicieron con el poder, prohibiendo los partidos políticos y declarando ilegales las organizaciones sindicales y estudiantiles. Los dirigentes tupamaros fueron encarcelados y permanecieron en la cárcel hasta 1985, cuando cesó la dictadura mili-

Un grupo de trabajadores chilenos marcha con pancartas favorables a Salvador Allende en 1964. Durante el gobierno de Allende, el MIR no tuvo acciones armadas y se integró en la vida política, mientras que tras el golpe militar de Pinochet en 1973, regresó a la lucha armada, para abandonarla de nuevo con el retorno de la democracia.

tar. Los Tupamaros que pudieron se exiliaron en Francia, Suecia y otros lugares, y no realizaron ninguna acción en territorio uruguayo; lo único que hicieron fue denunciar la dictadura.

EL RETORNO DE LA DEMOCRACIA EN 1985

Cuando volvió la democracia a Uruguay en 1985, los Tupamaros se integraron en el marco político legal como miembros del Frente Amplio de izquierdas. Dentro de esta coalición los antiguos tupamaros forman el llamado Espacio 609, que en 2004 fue el sector más votado dentro de la coalición gubernamental. Varios militantes Tupamaros formaron parte del gobierno, como presidente de la Cámara de diputados o como ministros.

EL MOVIMIENTO DE IZQUIERDA REVOLUCIONARIA (MIR) EN CHILE

En Chile, desde 1973, se formaron o reforzaron algunos movimientos guerrilleros contra la dictadura militar del general Augusto Pinochet, como el Movimiento de Izquierda Revolucionaria (MIR), que ya existía desde 1965, y el Frente Patriótico Manuel Rodríguez (FPMR). Actualmente estos grupos siguen existiendo, pero casi sin actividad guerrillera, que han abandonado para luchar por puestos de poder en grupos estudiantiles universitarios o de secundaria.

PROGRAMA FUNDACIONAL

El MIR nació en 1965 a partir de un grupo de estudiantes de la Universidad de Concepción y al-

*Una reunión entre el dictador chileno
Augusto Pinochet Ugarte (en el centro) y el senador
chileno William Thayer (a la izquierda).*

gunas organizaciones marxistas con el propósito
de ser «la vanguardia marxista-leninista de la
clase obrera y de las capas oprimidas de Chile» y
de buscar «la emancipación nacional y social».
Inició sus actuaciones basado en estos principios y en una doctrina marxista-leninista. Sus

primeros jefes fueron el líder sindical Clotario
Best y el historiador marxista Luis Vitale.

ACTIVIDAD DURANTE EL GOBIERNO DE SALVADOR ALLENDE

Durante el gobierno de Salvador Allende se dejó
de perseguir al MIR y la dirección del MIR suspendió cualquier tipo de acción armada, inte-
grándose en los «Frentes intermedios de Masas»
y colocando su incipiente estructura de seguri-

das y de carácter social, como el asesinato de algunos generales y varios atentados contra Pinochet, o el robo de la Bandera de la Independencia en 1980. También reorganizó el movimiento estudiantil en la universidad. En 1980 el MIR tenía unos 3.000 miembros y simpatizantes. En 1981 trató de organizar una columna guerrillera en los sectores rurales de Neltume y Nahuelbuta, que fue descubierta y aniquilada por el gobierno.

En 1987 el MIR se fraccionó: un bloque propugnaba la lucha armada contra la dictadura, otro se centró en las actividades políticas y el «bloque histórico» proponía continuar la acción política, combinando formas de lucha de masas con acciones armadas. El primer y tercer bloque sucumbieron a la acción de la policía y el «bloque político», dirigido por Nelson Gutiérrez, trató de insertarse en el proceso que se inició tras el plebiscito de 1988.

Su actuación tras el retorno al régimen democrático

Tras el regreso del régimen democrático, el MIR se volvió a escindir, ya que muchos militantes se afiliaron a otros partidos de izquierdas, y el grupo restante se ha dedicado principalmente a la lucha en grupos estudiantiles, preferentemente universitarios.

SENDERO LUMINOSO EN PERÚ

Sendero Luminoso es una organización terrorista de ideología marxista-leninista y maoísta, que empezó a actuar en 1980, cuando se separó del Partido Comunista del Perú-Bandera Roja. Su nombre oficial es Partido Comunista del Perú-Sendero Luminoso (PCP-SL). Su objetivo es reemplazar las instituciones peruanas por un régimen revolucionario campesino comunista inspirado en la China comunista. A sus seguidores se les llama senderistas. Su creador fue Abimael Guzmán Reynoso, profesor de filosofía en la Universidad Nacional de San Cristóbal de Huamanga. Desde 1980 su jefe fue Guzmán, que

dad a disposición de la seguridad de Salvador Allende.

Actuación frente al golpe de Estado militar

Cuando la junta militar tomó el poder, el MIR fue proscrito y reprimido intensamente. Su secretario general, Miguel Enríquez, fue abatido en un enfrentamiento a tiros con las fuerzas de seguridad. Le sucedió al frente del MIR Andrés Pascal Allende. El MIR organizó acciones arma-

fue capturado en 1992. Desde entonces no ha aparecido un líder suficientemente carismático para revivificar la guerrilla. Sendero Luminoso empezó por crear un directorio revolucionario y una primera escuela militar para instruir a los senderistas en el uso de armas y tácticas o estrategias militares.

ACTUACIONES TERRORISTAS

En 1980 Perú tuvo sus primeras elecciones en 11 años. Sendero Luminoso se negó a participar y la víspera de las elecciones quemó las urnas y las papeletas en Chusqui, un pueblo del departamento de Ayacucho. Pero se capturó en seguida a los autores, se llevaron nuevas urnas y papeletas y el incidente no tuvo resonancia. Poco a poco, Sendero Luminoso aumentó su territorio

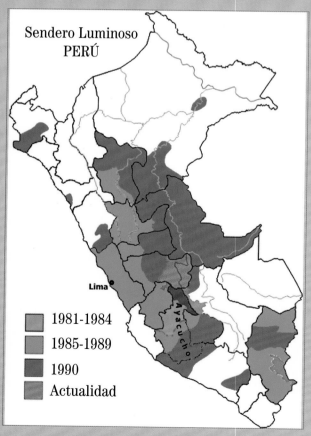

Sendero Luminoso
PERÚ

Lima

Ayacucho

■ 1981-1984
■ 1985-1989
■ 1990
■ Actualidad

Mapa que muestra gráficamente en distintos colores cómo el espacio de actuación de Sendero Luminoso en Perú ha ido reduciéndose desde su creación hasta hoy.

en la sierra central y captó algunos militantes entre los campesinos. Para hacerse más populares, asesinaron y torturaron capataces de las granjas colectivas del estado, comerciantes que abusaban de los campesinos pobres, y ladrones de ganado. Con esto consiguieron el apoyo de los campesinos y alguna simpatía por su lucha, pero muy pocos campesinos aceptaron el pensamiento y la doctrina maoístas. También se vieron favorecidos por la débil respuesta del gobierno, que solo empleó contra Sendero Luminoso a la policía nacional y no quiso reforzar su actuación con el ejército porque el primer mandato del presidente Fernando Belaúnde Terry había terminado con un golpe de estado de las fuerzas armadas.

• **Asalto en Ayacucho.** En abril de 1982 un grupo de senderistas tomó la cárcel de Ayacucho, mató a varios policías y liberó a senderistas detenidos. El gobierno declaró el estado de emergencia en todo el departamento de Ayacucho. La represión militar fue violenta y causó muchas víctimas. Sendero Luminoso reaccionó asesinando autoridades civiles y militares, y supuestos soplones (confidentes del ejército); en algunos pueblos, como en Lucanamarca, asesinó prácticamente a toda la población.

• **Reacción de los campesinos.** Como reacción, en el pueblo de Uchuraccay los comuneros campesinos lincharon a seis periodistas que venían de Lima por confundirlos con senderistas y los enterraron en fosas anónimas. Una comisión dirigida por el escritor Mario Vargas Llosa descubrió el incidente y esto dio lugar a enfrentamientos en Lima entre políticos de izquierdas y el gobierno populista de Belaúnde Terry.

• **Primeros ataques en ciudades.** A partir de 1983 Sendero Luminoso empezó a atacar infraestructuras en las ciudades, incluidas Ayacucho y Lima, volando líneas de alta tensión, colocando coches bomba ante el Palacio de gobierno y en el de Justicia. Llegaron a organizar paros armados en algunas ciudades.

En 1991 Sendero Luminoso tenía gran influencia en la zona central del Perú, aunque no la controlara. Se enfrentó a las llamadas rondas campesinas, que se organizaron espontáneamente con el apoyo del Ejército. También se enfrentó al Movimiento Revolucionario Túpac Amaru (MRTA) cuando este apareció.

FINAL DEL MOVIMIENTO

Cuanto más territorio intentó controlar, más problemas tuvo Sendero Luminoso. La población no aceptó la doctrina maoísta y su brutalidad le quitó la simpatía inicial de algunos sectores de la población. Los campesinos se enfrentaron a Sendero Luminoso por su falta de respeto a la cultura indígena y a sus instituciones. Su actuación brutal con juicios populares que acababan degollando, lapidando o quemando vivos a los «enemigos de la revolución», que solían ser los maestros de escuela, alcaldes, sacerdotes y otros líderes rurales, les hizo odiosos.

Además, los paros armados que organizaba para desabastecer Lima perjudicaban a los pequeños comerciantes y a los campesinos. Llegaron a prohibir el ejercicio de los derechos políticos, las manifestaciones religiosas y el consumo de alcohol. Nunca lograron moverse entre los campesinos «como el agua dentro del agua», como decía Mao.

A finales de la década de los ochenta casi todos los partidos políticos, incluso los de izquierda, estaban contra Sendero Luminoso y rechazaban su revolución izquierdista. En los distintos departamentos se organizaron rondas campesinas y el gobierno de Belaúnde Terry las apoyó y fomentó la estructura de información e inteligencia que facilitó la captura de los jefes terroristas. En 1991 el presidente Alberto Fujimori dio a las rondas campesinas una base legal y las denominó Comités de Autodefensa.

La noche del 10 de septiembre de 1992 el Grupo Especial de Inteligencia (GEIN) capturó a Abimael Guzmán en una casa de Lima y fue

Mauricio Funes, candidato a presidente del FMLN, consiguió ganar las elecciones en 2009 y ejerció como presidente de El Salvador desde 2009 hasta 2014. En la imagen, pronunciando un discurso en Naciones Unidas.

condenado a cadena perpetua. La captura fue el fruto de meses de seguimiento. Luego se capturaron más dirigentes. Así, en 1999 se capturó a Oscar Ramírez Durán, sucesor de Abimael. La organización se escindió en grupos regionales, que se enfrentaron entre sí. Finalmente, el 12 de febrero de 2012 el presidente Ollanta Humala confirmó la captura de José Eleuterio Flores (alias *Camarada Artemio*), que ya no tenía quien lo sucediera, y desde entonces la presencia terrorista de Sendero Luminoso es prácticamente nula.

FRENTE FARABUNDO MARTÍ PARA LA LIBERACIÓN NACIONAL DE EL SALVADOR

El Frente Farabundo Martí para la Liberación Nacional es otro movimiento guerrillero que ha terminado como partido político de izquierdas en El Salvador. Entre 1980 y 1992 fue la principal guerrilla del país. A partir de los acuerdos de paz de 1992 se constituyó en un partido político legal y aglutinó a las fuerzas políticas de oposición en El Salvador, frente al partido conservador ARENA (Alianza Republicana Nacionalista). En marzo de 2009 Mauricio Funes, su candidato a las elecciones presidenciales, fue elegido presidente de El Salvador.

INICIOS DEL FMLN

El 1 de abril de 1971 Salvador Cayetano Carpio, secretario general del Partido Comunista salvadoreño, dimitió en protesta por la línea de conducta del partido, que lo esperaba todo de la formación de un frente popular de los partidos de izquierdas. Carpio fundó las Fuerzas Populares de Liberación Farabundo Martí (FPL).

PRIMERAS ACTIVIDADES GUERRILLERAS

El 10 de enero de 1981, el FMLN inició contra el gobierno salvadoreño, la denominada «ofensiva final», una mezcla de lucha guerrillera y sublevación general, que fracasó. El capitán Francisco Mena Sandoval llegó a sublevar su compañía en el cuartel de la 2.ª brigada de infantería de Santa Ana, pero se vio en minoría y huyó a la selva, aunque le alcanzaron y casi toda su gente murió en el combate. El FMLN pasó a la clandestinidad total y se preparó para iniciar su actividad en las montañas. Creó una infraestructura de talleres de fabricación de armas, depósitos de municiones y alimentos, y hasta dos emisoras de radio: Farabundo Martí y Radio Venceremos.

ACUERDOS DE CHAPULTEPEC

Durante varios años sus actividades no tuvieron gran eco y además en algún caso diversas fracciones llegaron a ejecutar a cabecillas disidentes. Sus actividades estaban financiadas por la Unión Soviética y el Gobierno nicaragüense. En 1983 empezó a establecer zonas bajo control y zonas de influencia. En noviembre de 1989 el FNLM lanzó una gran ofensiva e inició las nego-

ciaciones con el gobierno, que acabaron con los Acuerdos de Paz de Chapultepec el día 16 de enero de 1992.

Tras estos acuerdos el FMLN se convirtió en un partido político de oposición. Entonces se le planteó un problema: el FMLN no tenía un programa definido ni una estrategia electoral. Además, algunos de sus miembros, cuando fueron elegidos para la asamblea parlamentaria, se escindieron y crearon partidos minúsculos que luego desaparecieron. En un intento de parar el caos generado por más militantes interesados en convertir al FMLN en un partido socialdemócrata debido a su arrastre popular, en 2000 el FMLN anuló en su convención nacional el derecho a agruparse en tendencias, que inmediatamente después dejaron de existir oficialmente.

TRIUNFO DE MAURICIO FUNES EN LAS ELECCIONES PRESIDENCIALES

Finalmente, en las elecciones generales de marzo de 2009, los militantes del FNLM Mauricio Funes y Salvador Sánchez Cerén fueron elegidos presidente y vicepresidente de El Salvador. Con esto el Frente Farabundo Martí de Liberación Nacional se ha convertido en un partido político integrado en la vía constitucional.

EL EJÉRCITO ZAPATISTA DE LIBERACIÓN NACIONAL DE CHIAPAS (MÉXICO)

En 1994 surgió en Chiapas, el estado más sureño y uno de los más pobres de México, el Ejército Zapatista de Liberación Nacional (EZLN), una organización armada mexicana de carácter político-militar. Según las declaraciones de su líder, el *Subcomandante Marcos*, la doctrina política del EZLN es una amalgama del zapatismo, el marxismo y el socialismo libertario y su estructura militar es la guerrilla.

PRIMERAS ACCIONES DE LOS ZAPATISTAS

Las actividades públicas del Ejército Zapatista comenzaron el 1 de enero de 1994, cuando grupos armados de indígenas ocuparon varios ayuntamientos en el estado de Chiapas. Su objetivo era el derrocamiento del presidente mexicano del momento, Carlos Salinas de Gortari (al que acusaban de fraude electoral), y el establecimiento de una democracia participativa. Después de la toma de los ayuntamientos, emitieron la *Declaración de la Selva Lacandona*, en la cual declaraban la guerra al gobierno mexicano y pedían «trabajo, tierra, techo, alimentación, salud, educación, independencia, libertad, democracia, justicia y paz», amenazando con marchar sobre la Ciudad de México. Los zapatistas atacaron el cuartel general de la 31.ª Zona Militar, pero fracasaron. El día 4 de enero el Ejército federal ya tenía el control total de los siete ayuntamientos ocupados.

REACCIONES DEL GOBIERNO

El 6 de enero el presidente Salinas dirigió un llamamiento a la nación negando que se tratase de un alzamiento indígena y ofreciendo el perdón a quienes depusieran las armas, y ofreció al EZLN «paz con justicia y democracia». El EZLN hostigó el cuartel general de la 31.ª Zona Militar, voló torres de alta tensión y atentó contra un oleoducto de la empresa Pemex. El nuevo presidente de México, Ernesto Zedillo Ponce de León, trató de negociar, mientras Eduardo Robledo Rincón, candidato del Partido Revolucionario Institucional (PRI) a gobernador de Chiapas, ganó las elecciones entre protestas de fraude.

EVOLUCIÓN DEL ENFRENTAMIENTO CON EL PRI

En años sucesivos, los zapatistas emitieron hasta seis *Declaraciones de la Selva Lacandona* exponiendo su programa y exigiendo condiciones al gobierno. Atacaron cuarteles militares y puestos de la policía y negociaron con diversos presidentes y candidatos de varios partidos. De vez en cuando volvían a ocupar algunos municipios, de los que acababa por expulsarles el ejército.

En marzo de 1995 se creó la Comisión de Concordia y Pacificación (COCOPA), formada

Vicente Fox, presidente de México entre 2000 y 2006, bajo cuyo mandato se produjeron las negociaciones con los zapatistas y el fin de su lucha armada.

por diputados y senadores de los distintos partidos de México, para ayudar en el diálogo con el EZLN. En febrero de 1996 el gobierno mexicano se comprometió a reconocer a los pueblos indígenas en la Constitución. En 1997 el EZLN se reunió con la COCOPA y rechazó las propuestas gubernamentales. En 1998 el candidato a la presidencia de México por el Partido de Acción Nacional (PAN), Vicente Fox, aseguró que estaba dispuesto a hablar con los zapatistas.

El año 2000 Vicente Fox ganó las elecciones con el PAN y ordenó retirar al Ejército de la zona de conflicto; los zapatistas volvieron a las negociaciones, planteando nuevas exigencias. Durante varios años continuaron las negociaciones sin grandes avances. Al fin, en 2005, el EZLN emitió la *Sexta Declaración de la Selva Lacandona* anunciando que dejaría las armas y se integraría en la política.

La guerra de **Kuwait** y la invasión iraquí

En agosto de 1990 Sadam Husein, presidente de la República de Irak y líder del Partido Baas, invadió Kuwait. De 1980 a 1988 Sadam había mantenido una guerra contra Irán, esperando aprovecharse del desorden para poder ampliar su territorio, sobre todo la costa del golfo Pérsico, pero Irán compensó el desorden con una resistencia fanática y ambos bandos se agotaron antes de aceptar el acuerdo apoyado por la ONU.

Sadam Husein quedó arruinado por la guerra y no se pudo recuperar rápidamente, pues el petróleo había bajado de precio del barril. Como Kuwait se opuso en la Organización de Países Exportadores de Petróleo (OPEP) a las pretensiones de Sadam y este tenía una fuerte deuda con Kuwait, Sadam acusó a Kuwait de que estaba extrayendo petróleo del campo de Rumaila en Irak, cerca de la frontera, mediante perforaciones oblicuas. Después de esta y otras acusaciones referentes a las cuotas de producción, no se le ocurrió mejor medida que ocupar Kuwait, controlar su producción de petróleo y cancelar su deuda.

INVASIÓN IRAQUÍ DE KUWAIT (AGOSTO DE 1990)

El 2 de agosto de 1990 Sadam invadió Kuwait con cinco divisiones (100.000 hombres), divididas en dos fuerzas, que trataron de capturar a los 16.000 hombres del ejército kuwaití en un movimiento de pinzas. Estaban apoyadas por más de seis escuadrones de cazas y tres escuadrones de helicópteros. El Ejército kuwaití no pudo hacer nada ante las fuerzas iraquíes, que invadieron Kuwait. La guardia del emir rechazó los primeros ataques de los comandos iraquíes y en Al Jahra, al oeste de Ciudad de Kuwait, un batallón acorazado kuwaití detuvo durante 24 horas a dos divisiones iraquíes antes de verse aplastado. El emir de Kuwait y, su gobierno huyeron a Arabia Saudí con los restos de su ejército. La fuerza aérea kuwaití (24 Dassault *Mirage* F1 y 34 Douglas A-4 *Skyhawk*) perdió 20 aviones el primer día en combates y, después de derribar más de 35 cazas iraquíes y bastantes helicópteros, se retiró a Bahrein y Arabia Saudí.

REACCIÓN INTERNACIONAL

El mundo árabe vio la invasión primero con asombro y luego con preocupación. Con la invasión de Kuwait, Sadam controlaba el 15% de las reservas mundiales de petróleo y amenazaba otro 20%, situado en Arabia Saudí y los Emiratos Árabes Unidos. Era demasiado peligroso.

El presidente de Estados Unidos George Bush (padre) supo manejar la crisis a nivel internacional, consiguió una resolución de condena de la ONU, dejó que Arabia Saudí le pidiera ayuda y solicitó una «coalición de los países voluntarios» para hacer frente a las tropas de Sadam Husein. Este no creyó que Estados Unidos llegase hasta una guerra abierta, y se limitó a reforzar sus tropas en Kuwait. Bush consiguió que Gran Bretaña, Francia y otras naciones, como Australia, Italia, Argentina o España, hasta un total de 34 naciones, amparadas por la Resolución 661 del Consejo de Seguridad, aportasen tropas, buques, aviones, y otros recursos para

F-14 de combate en vuelo sobre los pozos petroleros de Kuwait en llamas. Las fuerzas iraquíes en retirada los incendiaron en marzo de 1991 y en agosto, aún seguían ardiendo.

Operación «Desert Storm». La campaña para liberar Kuwait duró desde el 2 de agosto de 1990 hasta el 28 de febrero de 1991. La campaña para expulsar a los iraquíes de Kuwait se denominó Operación *Desert Storm* (Tormenta del Desierto) y fue precedida por la Operación *Desert Shield* (Escudo del Desierto), que duró desde el 2 de agosto hasta el 16 de enero de 1991, en la cual se trataba de mostrar la voluntad de defender Arabia Saudí de la amenaza iraquí y de acumular tropas para la campaña contra el ejército iraquí mientras se iniciaba el plan para derrotar a Sadam Husein.

demostrar que no se trataba de una campaña unilateral de Estados Unidos.

Había que tener en cuenta las reticencias antioccidentales de algunos estados de la zona, avivadas por el eterno problema árabe-israelí. Fue muy importante conseguir que varias naciones árabes, como Egipto y Siria, asignasen fuerzas a la coalición. Por otra parte, Arabia Saudí pagó 36 billones de dólares de los 60 billones que costó la campaña completa.

DESPLIEGUE ESTADOUNIDENSE INICIAL
El 8 de agosto empezaron a llegar a Kuwait las primeras tropas de Estados Unidos. Se enviaron

dos portaaviones (*Eisenhower* e *Independence*) a la zona con sus grupos de buques (que luego se aumentaron hasta seis portaaviones), la 1.ª Ala de Caza con 48 aviones F-15 *Eagle* y otros 36 F-15 desde Alemania, y parte de la 82.ª división aerotransportada. Luego se aumentaron las tropas de Estados Unidos hasta 500.000 hombres y cientos de aviones, además de los aliados. Las declaraciones del presidente Bush hacían hincapié en que solo era un despliegue defensivo (para proteger Arabia Saudí) y que solo se deseaba que Sadam evacuase Kuwait.

Se nombró al general Norman Schwarzkopf del Ejército de Estados Unidos como jefe de las

Un grupo de aviones McDonnell Douglas A-4KU Skyhawk *de la Fuerza Aérea de Kuwait esperan antes de iniciar una misión en la Operación Tormenta del Desierto el 13 de febrero de 1991.*

EL PLAN DEFENSIVO DE SADAM HUSEIN

Sadam Husein había concentrado 540.00 hombres en Kuwait. Su plan de defensa era muy sencillo: las divisiones del Ejército regular iraquí en Kuwait debían quedarse allí sin idea de retroceso, mientras que él mantenía ocho divisiones de la guardia republicana (sus tropas de élite) como reserva en la frontera norte de Kuwait. Durante el mes de diciembre de 1990 continuaron las negociaciones para que Irak se retirase de Kuwait sin combatir, pero Sadam se negó. Esperaba poder romper la coalición atacando Israel con misiles *Scud* para provocar su reacción y forzar así la retirada de la coalición de las naciones árabes. También esperaba poder alargar el conflicto y causar suficientes bajas a los aliados (sobre todo a Estados Unidos) para que la opinión pública obligase al gobierno de Bush a aceptar un alto el fuego, dejando buena parte de Kuwait en poder de Irak. Entonces la ONU estableció el 15 de diciembre como fecha límite, tras la cual la coalición internacional estaba autorizada a hacer uso de la fuerza. Sadam Husein hizo caso omiso.

operaciones en la zona. Schwarzkopf redactó su primer plan de operaciones, que preveía un elevado número de bajas para recuperar Kuwait. Para reducirlas Schwarzkopf necesitaba un fuerte apoyo aéreo, que solo sería posible si se había alcanzado previamente el dominio del aire.

EL PLAN DE SUPERIORIDAD AÉREA (PLAN «INSTANT THUNDER»)

Un grupo de oficiales del Estado Mayor del Aire dirigido por el coronel Jack Warden redactó un plan para alcanzar el dominio del aire atacando primero los bombarderos, cazas y misiles de Sadam Husein y sus sistemas de control (instalaciones de defensa aérea, asentamientos de radar y centros de lanzamiento). En cambio, las fuerzas ya desplegadas en Kuwait y las que estaban cerca, en la frontera de Irak, solo serían atacadas si intentaban avanzar hacia Arabia Saudí.

Posteriormente se atacarían la red de ferrocarriles y los depósitos de municiones. También se atacaron las instalaciones de armas NBQ y las instalaciones petrolíferas, aunque inicialmente estaba previsto respetarlas para que Irak pudiera recuperarse económicamente y pagar luego las indemnizaciones que se le exigieran. La labor previa del servicio de inteligencia (DIA) proporcionó toda la información necesaria para redactar el plan. Schwarzkopf aceptó con entusiasmo el plan y logró que se le asignasen los medios aéreos necesarios.

El ataque se retransmitió por televisión en vivo y en directo. La Operación *Instant Thunder* se retransmitió vía satélite a la Casa Blanca y al Pentágono, que autorizaron que se pasara inmediatamente por la red de televisión CNN de Estados Unidos. Como dijo un portavoz del Pentágono, fue la primera vez que el público pudo ver las noticias de la guerra «en vivo y en directo», a la vez que la Junta de Jefes de Estado Mayor. Incluso se vieron las imágenes del guiado de los misiles de crucero y de cómo veían los blancos en los bombarderos estadounidenses.

Un carro de combate iraquí T-54A o un Tipo 59 completamente calcinado tras un ataque de los bombardeos aliados durante la Operación Tormenta del Desierto.

LA FASE DE ATAQUES AÉREOS

El 16 de enero de 1991 se inició el ataque de la coalición multinacional (Operación *Desert Storm*), cuya primera parte fue la campaña de ataques aéreos (Operación *Instant Thunder*) para destruir a la Fuerza Aérea iraquí, sus aviones y misiles, su sistema de defensa aérea, además de su red de comunicaciones estratégicas.

Para ello se emplearon algunos de los aviones y misiles más modernos y perfeccionados, como los cazas *Stealth* F-117 *Nighthawk* y los misiles de crucero lanzados desde buques y aviones, así como los *Phantom* F-4G *Wild Weasel* con misiles HARM anti radar. A continuación, los F-14, F-15, F-16 y F/A-18 destruyeron la capacidad industrial iraquí, aislaron a sus tropas en Kuwait y se degradaron el sistema de mando y control del Ejército iraquí. La tercera parte consistió en atacar ya directamente a las unidades de la Guardia Republicana y a las desplegadas en Kuwait. Esta campaña aérea la dirigió el general de la USAF Charles Horner, que había sido enviado como adjunto de Schwarzkopf a petición de este e incluso ejerció el mando de todas las fuerzas mientras Schwarzkopf estuvo en Estados Unidos

La coalición llegó a emplear unos 1.950 aviones y realizó unas 100.000 salidas aéreas, lanzando más de 85.000 toneladas de bombas. Los ataques aéreos de la coalición empezaron a hacer efecto casi inmediatamente y con un porcentaje de bajas mínimo. La aviación iraquí casi no actuó y finalmente se retiró hacia el norte o la frontera con Irán. El sistema de defensa aérea quedó anulado rápidamente y casi no tuvo peso en las operaciones. La defensa antiaérea iraquí solo derribó 44 aviones aliados.

El problema del lanzamiento de misiles «Scuds» sobre Israel

Pese a todas las precauciones aliadas, a partir del segundo día de guerra Irak empezó a lanzar misiles *Scuds* contra Israel, tratando de provocar un contraataque israelí, que a su vez causara la defección de los países árabes que formaban la coalición (Egipto, Siria, Bahrein, Marruecos, Omán, Qatar y, por supuesto, Kuwait y Arabia Saudí).

Los ataques aéreos y de misiles no fueron tan efectivos como se esperaba contra los *Scuds*, que solían estar montados sobre camiones y eran difíciles de localizar, aparte de que Irak utilizó con gran habilidad un buen número de señuelos. Estados Unidos y Holanda desplegaron misiles antimisiles *Patriot* en Israel y esto ayudó a que el gobierno israelí no devolviese el golpe, aunque

Aviones estadounidenses (F-16, F-15C y F-15E) sobrevuelan la quema de pozos petroleros en Kuwait por parte del ejército iraquí en retirada durante la Operación Tormenta del Desierto en 1991.

parece ser que en un momento dado los comandos israelíes ya estaban montados en los helicópteros para atacar Irak cuando la oferta estadounidense de reforzar la defensa antiaérea detuvo el ataque de represalia. Irak también lanzó misiles *Scud* contra blancos militares en Arabia Saudí.

EL ATAQUE TERRESTRE
PLANEAMIENTO DEL ATAQUE Y ELECCIÓN DE UN MANDO COMÚN

El ataque a las tropas iraquíes empezó el 23 de febrero, tras cinco semanas de preparación aérea. Aunque las tropas iraquíes en Kuwait sufrieron menos de un 20% de bajas durante la última fase de bombardeos aéreos, esta campaña terrestre

---

El ejército de Sadam Husein. El ejército iraquí era muy numeroso, estaba bien desplegado y estaba dispuesto a sufrir bajas sin desmoralizarse; pero tenía tres problemas graves: su material era moderno, pero estaba en mal estado, su sistema de abastecimientos era muy deficiente y sus mandos carecían de iniciativa. Irak había adquirido aviones y tanques bastante avanzados, pero carecía de técnicos que pudieran mantenerlos en estado operativo. Además, el embargo previo le había dejado sin repuestos y gran parte de sus carros de combate, aviones, helicópteros y piezas de artillería estaban inoperativos o solo funcionaban con limitaciones. La cadena logística funcionaba mal ya antes de la guerra y con la enorme cantidad de unidades que Sadam había introducido en Kuwait, era incapaz de suministrar todo lo necesario.

Pero el mayor problema del Ejército iraquí era la rigidez de su sistema de mando. Los jefes de unidades no se atrevían a tomar ninguna iniciativa. El sistema de ascensos por elección se basaba en la (supuesta) lealtad al régimen y el amiguismo, y no en la competencia profesional. El Ejército iraquí obedecía las órdenes, pero no era capaz de actuar ni de maniobrar cuando sus comunicaciones se cortaban y se interrumpía la cadena de mando.

---

constituyó una victoria decisiva para las fuerzas de la coalición que liberaron Kuwait y avanzaron en territorio iraquí. Realmente el gran problema fue establecer la estructura adecuada de mando y coordinación, que al final se logró mediante un acuerdo entre el general Schwarzkopf y el general en jefe de todas las fuerzas árabes, el príncipe Khalid Bin Sultan: Khalid tendría el mando si los iraquíes atacaban y Schwarzkopf tendría el mando de la ofensiva aliada.

Se simuló que se iba a realizar un desembarco en la zona de Kuwait capital, pero en realidad dos cuerpos de ejército envolvieron Kuwait desde el oeste para caer luego sobre la resistencia iraquí. Esta zona era desértica, sin carreteras ni puntos de referencia y los iraquíes la tenían desguarnecida, pero los tanques y vehículos aliados disponían de GPS y no necesitaban referencias en el terreno. En vez de una batalla de encuentro, como esperaban los iraquíes, fue una batalla de movimiento y envolvimiento.

DESPLIEGUE DE LOS ALIADOS PARA EL AVANCE. PRIMEROS COMBATES

El XVIII cuerpo de ejército de Estados Unidos avanzó por el flanco izquierdo (oeste) hasta enlazar con la 101.ª división aerotransportada, que había realizado un desembarco aéreo y establecido una base logística y aeródromo para helicópteros en territorio iraquí en menos de 20 horas. La unidad más al oeste era la 6.ª división ligera acorazada francesa, que en un principio actuó independientemente, pero coordinada con el XVIII cuerpo, y luego se integró en él. El VII cuerpo de ejército estadounidense avanzó más al este, formando el centro de la línea de avance aliada y se lanzó directamente sobre las divisiones de la guardia republicana en la zona norte de Kuwait. La 1.ª división acorazada británica formó el flanco derecho, avanzando hacia Basora y el sur de Irak.

Las tropas kuwaitíes y de los países árabes fueron las que entraron en Kuwait desde el sur apoyadas por los marines de Estados Unidos. La ciu-

Carros de combate M-1 Abrams norteamericanos avanzan por el desierto durante la Operación Tormenta del Desierto. Los tanques estadounidenses contaban con sistema GPS y pudieron hacer una batalla de movimiento y envolvimiento.

Vista panorámica del estado en que quedaron los pozos petroleros de Kuwait tras su incendio y destrucción por el ejército iraquí en retirada tras la Operación Tormenta del Desierto.

ATAQUE NOCTURNO EN LA CARRETERA DE LA MUERTE

Durante la noche del 26 al 27 de febrero, un avión E-8 dotado del sistema *Joint Stars* descubrió una columna de unos 1.400 vehículos que se retiraban desordenadamente de Kuwait por la autopista al norte de Al Jahra. Inmediatamente, los aviones de ataque destrozaron los vehículos y la autopista, creando unos 60 km de tapón de vehículos destrozados. La mayoría de los soldados iraquíes escaparon a pie en cuanto vieron llegar a los aviones aliados. *En la imagen, Vista aérea de vehículos iraquíes destruidos al lado de la carretera 80 al oeste de la ciudad de Kuwait. Esta fue la carretera de la muerte bombardeada por las fuerzas de la coalición el 27 de febrero de 1991.*

Minas antipersona iraquíes y cercas de alambre de púas en una playa antes de ser eliminadas las secuelas de la Operación Tormenta del Desierto de 1991.

LAS REGLAS DE COLIN POWELL

En la guerra de Kuwait se comenzó a hablar de las reglas de Colin Powell, que habían aplicado las fuerzas armadas de Estados Unidos en esta campaña y en otras (se decía que la primera vez que se aplicaron fue durante la conquista de la isla de Granada, en el Caribe). Las reglas básicas eran: misiones absolutamente claras y utilización de fuerzas abrumadoras.

Las reglas de conducta que Powell enunció en su autobiografía son las siguientes:

- No es tan malo como crees. Mañana parecerá mejor.
- Enfurécete, luego supéralo.
- Evita que tu ego esté tan unido a tu posición en un debate que cuando tu posición se viene abajo tu ego se hunda con ella.
- ¡Se puede hacer!
- Ten cuidado con lo que escoges. Puede que lo consigas.
- No dejes que los hechos adversos impidan adoptar una buena decisión.
- No puedes elegir por otro. No debes dejar que otro elija por ti.
- Verifica los pequeños detalles.
- Comparte el mérito con tus colaboradores.
- Mantén la calma. Sé amable.
- Sueña con un ideal. Sé exigente.
- No te dejes aconsejar por tus temores o por las personas negativas.
- El optimismo perpetuo es un multiplicador de la fuerza.

dad de Kuwait fue liberada por las tropas kuwaitíes en menos de 48 horas, con el apoyo de su aviación, que solo perdió un avión en la reconquista de su capital. Las tropas iraquíes que ocupaban la zona de los pozos petrolíferos y refinerías kuwaitíes prendieron fuego a las instalaciones después de haber sembrado de minas antipersona la zona de yacimientos para dificultar la extinción del fuego.

BAJA MORAL IRAQUÍ Y VENTAJAS TÉCNICAS ALIADAS

Los soldados iraquíes estaban hambrientos y cansados tras las semanas de bombardeo, de modo que se entregaron por millares (unos 80.000 prisioneros en las primeras 24 horas). Dos divisiones de la guardia republicana trataron de contraatacar al noroeste de Kuwait en posiciones bien escogidas, buscando el combate a corta distancia, pero se levantó una tormenta de

Tanques Abrams *de la 1.ª División Blindada del VII Cuerpo de Estados Unidos a través del desierto en el norte de Kuwait durante la Operación Tormenta del Desierto el 28 de febrero de 1991.*

arena. Los carros M-1 *Abrams* americanos, dotados de cámaras térmicas, destrozaron a los blindados iraquíes, aniquilando a las dos divisiones.

RETIRADA Y COLAPSO IRAQUÍ

Durante el cuarto día de combates Sadam ordenó a sus fuerzas abandonar Kuwait. El repliegue se convirtió en una desbandada y fue cuando más bajas se produjeron. Las fuerzas de la coalición cesaron su avance y declararon el alto el fuego solo 100 horas después de iniciar la campaña terrestre. Los combates aéreos y terrestres solo tuvieron lugar en Irak, Kuwait y las áreas fronterizas de Arabia Saudí.

Vehículo antiminas limpiando el desierto en Kuwait.

LA DECISIÓN FINAL DE NO DERROCAR EL RÉGIMEN DE SADAM HUSEIN EN 1991

Se ha criticado mucho al presidente Bush y a su gobierno por no haber invadido Irak en 1991, llegando hasta Bagdad, y derrocando a Sadam Husein. Un buen número de analistas y miembros del gobierno consideraron en su día que tal decisión hubiera roto la alianza que derrotó a Sadam y hubiera obligado a aumentar mucho el número de bajas. El ministro de Defensa de Estados Unidos Dick Cheney mantuvo este punto de vista en 1992, aunque luego reconoció en 2002 que tal vez fuera un error. De hecho, en seguida surgieron insurrecciones de los curdos en el norte y de la mayoría chií en la zona de Basora, que Sadam dominó con su guardia republicana. De todas formas, el presidente George Bush padre tuvo que tomar la decisión final basándose en los datos y previsiones de que pudo disponer en aquel momento, y para Estados Unidos era mejor un Irak debilitado que frenaba a Irán que no un vacío total de poder en toda la zona.

Los **Balcanes**, un rompecabezas

Las contiendas de los Balcanes, sobre todo las sucedidas dentro del territorio de la antigua Yugoslavia, son un paradigma de los conflictos del final del siglo XX y principios del XXI. En todos los enfrentamientos se trata de la continuación de una guerra de siglos entre dos etnias que se diferencian por su lengua, religión, cultura y tradiciones, que pelean por un territorio que ha pertenecido alternativamente a una u otra, que las dos consideran como un patrimonio histórico nacional inalienable y cuya ocupación ambas son capaces de defender con argumentos legales e históricos.

En muchos casos, además, reaparecen los enfrentamientos no ya entre etnias o grupos, sino entre familias, que parecían olvidados, pero que salen a la superficie en cuanto un político interesado logra reavivarlos. En el caso de Bosnia-Herzegovina las etnias no eran dos, sino tres, con profundos enfrentamientos a lo largo de la Historia, que han producido incontables revanchas, lo cual ha contribuido a profundizar aún más las diferencias y los enfrentamientos entre los diversos bandos. El gran problema es que no se trata de naciones homogéneas, sino que la zona ocupada mayoritariamente por cada grupo étnico está trufada de pequeñas minorías de otra etnia, que a veces son pequeñas poblaciones y otras veces están totalmente mezcladas en los mismos edificios.

ANTECEDENTES HISTÓRICOS

En el año 325 d.C. el emperador Teodosio dividió el Imperio romano en Imperio de Oriente e Imperio de Occidente poniendo la línea divisoria en el río Drina. Esta división acabó marcando la separación entre el rito cristiano occidental (católico romano) y el oriental (ortodoxo).

Esta diferenciación fue el primer hachazo que separó y enfrentó a dos mundos contiguos y que habían sido uno solo hasta entonces. Durante siglos las grandes potencias se sirvieron de los pueblos de los Balcanes como de guardias fronterizos, enfrentando en las guerras decididas desde lejanas capitales (Roma, Viena, Estambul, Moscú, París) a los habitantes de un mundo montañoso y quebrado, cuyos lejanos amos parecían especialmente interesados en subdividirlos aún más.

> Las guerras yugoslavas de los años 90 del siglo XX hunden sus raíces en muchos otros conflictos históricos

De los conflictos balcánicos de esta época hay tres que representan la escalada de los problemas en esta zona del mundo: Eslovenia, Croacia y Bosnia-Herzegovina.

INDEPENDENCIA DE ESLOVENIA (1990-1991)

El conflicto de Eslovenia no llegó ni a convertirse en una guerra. Tradicionalmente, Eslovenia había sido parte del Imperio alemán y luego del austriaco durante más de 1.000 años. En 1919 Eslovenia pasó a formar parte de Yugoslavia, que se denominó Reino de los Serbios, Croatas y Es-

Un EA-6B Prowler *estadounidense patrulla el cielo de Bosnia-Herzegovina en la campaña de la OTAN de 1995.*

lovenos. A la muerte de Tito, Yugoslavia empezó a descomponerse y la primera nación que se desgajó, en junio de 1991, fue Eslovenia. Puede considerarse que fue un modelo de desobediencia civil, aunque la parte más importante fue la desobediencia militar.

Pese a algunos disturbios separatistas, como la Primavera Eslovena de 1988, las autoridades centrales yugoslavas creían que las fuerzas del Ejército yugoslavo en Eslovenia mantendrían la unidad de la República yugoslava. La policía eslovena fue la primera que actuó para impedir un gran discurso del líder comunista serbio Slobodan Milosevic en Liubliana en el mes de diciembre de 1989. La Asamblea Nacional eslovena votó por la independencia el 23 de diciembre de 1990 y el 25 de junio de 1991 Eslovenia declaró su independencia.

El 26 de junio por la mañana las tropas del Ejército yugoslavo estacionadas en Croacia avanzaron hacia la frontera con Eslovenia y la frontera de Eslovenia con Italia, pero los eslovenos dificultaron su avance levantando barricadas. Ninguno de los dos bandos quería ser el primero en disparar y al final el gobierno esloveno se apoderó del aeropuerto internacional de Liubliana.

GUERRA DE INDEPENDENCIA DE CROACIA (DE 1991 A 1995)

El caso de Croacia empezó de modo parecido, pero tuvo un desarrollo mucho más violento. El 25 de junio de 1991 Croacia declaró su independencia, al igual que Eslovenia. El Ejército nacional yugoslavo había desarmado a las unidades de la fuerza territorial de Croacia antes de la declaración de independencia. Los serbios de Croacia recibieron ese armamento y anunciaron que si Croacia se separaba de Yugoslavia, ellos se separarían de Croacia y trataron de controlar una tercera parte del territorio croata, empezando a expulsar de allí a los croatas para lograr la lim-

Simplemente un cambio de uniforme. La mayoría del personal encargado de los puestos fronterizos era esloveno, de modo que lo único que hicieron fue cambiar de uniformes e insignias. Finalmente, después de 10 días de vivir mucha tensión (guerra Simulada de Diez Días) con varias docenas de muertos, las tropas del Ejército yugoslavo evacuaron Eslovenia casi sin incidentes destacables el día 26 de octubre de 1991.

pieza étnica. El ejército yugoslavo se desplegó «para separar a las partes en conflicto», con lo cual ayudaba a los serbios a consolidar su territorio frente a los croatas, que estaban siendo sometidos.

CAMPAÑA EN CROACIA DE 1991-1993

A mediados de julio de 1991 el Ejército yugoslavo desplegó 70.000 soldados en Croacia frente a las unidades mal armadas de la policía y las milicias croatas. Los combates empezaron en seguida y rápidamente aumentaron su intensidad, especialmente en algunas zonas, como el denominado corredor de la Krajina y las regiones de Eslavonia occidental y Eslavonia oriental (en el nordeste de Croacia), donde los serbios se habían hecho realmente fuertes tomando posiciones y controlando férreamente la zona.

Se criticó mucho a la prensa internacional por dar gran importancia a la posible destrucción de la ciudad monumental de Dubrovnik (Ragusa) y que apenas mencionara la destrucción de Vukovar, en el corredor de la Krajina, con la muerte de cientos de civiles.

En 1992 unos 10.000 civiles croatas murieron en los combates y 300.000 fueron desplazados en los intentos de limpieza étnica. Zagreb fue bombardeada. En enero de 1993 los croatas tomaron Zadar y el puente de Maslenica, que une Zara y la costa de Dalmacia con el norte de Croacia.

CAMPAÑA DE 1995 EN ESLAVONIA OCCIDENTAL

Croacia reclutó, equipó y adiestró un ejército reducido, pero moderno, de 105.000 hombres, que en febrero de 1994 contaba con ocho brigadas de infantería; además, mantenía otros 100.000 hombres en reserva. Con estas tropas inició en mayo de 1995 la reconquista de su territorio en una campaña relámpago de varios días, dirigida por el general Ante Gotovina y el general de la policía Mladen Markac, que les permitió recuperar casi todo su territorio. La

> **Origen étnico de los mandos**
>
> Hay que tener en cuenta que, aunque teóricamente el Ejército yugoslavo procedía de todas las regiones, su cuerpo de oficiales estaba mayoritariamente compuesto de serbios y montenegrinos, lo que influía en sus actuaciones.

primera parte fue la denominada Operación *Flash* para recuperar la Eslavonia occidental en el nordeste de Croacia, que consiguieron tras una batalla de solo tres días al precio de 55 muertos y 200 heridos frente a las 400 bajas serbias registradas oficialmente.

LA GUERRA RELÁMPAGO DE LOS CROATAS EN LA KRAJINA

Los serbios creyeron entonces que en la siguiente campaña los croatas irían a atacar de norte a sur y de forma escalonada, recuperando franjas de la Krajina poco a poco, mediante acciones militares sucesivas. Pero los croatas se movieron en todo el frente (Operación *Storm*) atacando de forma coordinada todas las posiciones serbias, con unidades mecanizadas avanzando rápidamente y dejando atrás los núcleos de resistencia para que los destruyese la artillería y los ocupase la infantería. Fue un evidente modelo de guerra relámpago.

Solo dejaron sin atacar la Eslavonia oriental, aunque manteniendo dos brigadas en la occidental para bloquear a las fuerzas serbias de la zona. El resultado de esta ofensiva relámpago de solo cinco días fue la toma de toda la región de la Krajina, que los serbios trataban de quedarse, en lo que les ayudó un ataque simultáneo del 5.º cuerpo bosnio desde Bihac. Entonces 300.000 serbios huyeron de Croacia a Bosnia y la guerra acabó en otoño de 1995. Finalmente, en enero de 1998 Croacia recuperó Eslavonia oriental por medios diplomáticos.

Las ciudades croatas fueron ampliamente bombardeadas por el Ejército Popular Yugoslavo (JNA). Arriba, se muestran los daños en Dubrovnik por uno de esos bombardeos en el Stradun, en el alto de la ciudad amurallada. Museo de la Guerra de la Patria, Dubrovnik, Croacia. Abajo, una mujer contempla las ruinas de la ciudad de Vukovar, en Croacia, en noviembre de 1991.

Carro de combate T-55 del Ejército de la milicia croata (HVO) en posición de disparo durante un ejercicio de tres días llevado a cabo en el Campo de Barbara, en Glamoc, en Bosnia-Herzegovina.

LA DURA LABOR DE LOS CONTINGENTES EXTRANJEROS

En muchos casos, los contingentes extranjeros desplegados en la zona se encontraron situaciones muy difíciles. Por ejemplo, España se hizo cargo de una zona quebrada y montañosa, donde se encontró con la difícil tarea de defender a la población civil en algunas localidades especialmente conflictivas, como Mostar (donde la limpieza étnica se había empezado a llevar a cabo con refinada crueldad entre las dos mitades de la ciudad divididas por el río Neretva o Narenta). Además, el contingente español tuvo que acometer la labor de restablecer las comunicaciones por carretera de la zona, donde casi todos los puentes de las carreteras estaban cortados. Afortunadamente, los jefes y el personal supieron vencer todas las dificultades que se les presentaban, como lo han reconocido la población y las autoridades de la zona. De hecho, hoy una plaza lleva el nombre de plaza de España en homenaje a los 22 militares españoles que perdieron su vida en esta misión.

EL CASO DE BOSNIA-HERZEGOVINA (1991-1995)

Bosnia era el peor caso de todos los antiguos territorios de Yugoslavia, ya que en ella convivían no dos, sino tres etnias radicalmente distintas: los serbios (también llamados serbo-bosnios), los croatas (bosnio-croatas) y los bosnios musulmanes. En principio se pretendía crear un estado multiétnico, algo similar al Líbano, donde tendrían predominio los musulmanes, dado que constituían la etnia más numerosa, pero pronto se desató el conflicto étnico y las milicias de los tres grupos comenzaron una cruel guerra civil con todos los horrores.

LA LIMPIEZA ÉTNICA Y EL ENVÍO DE UNPROFOR

De los tres grupos, las milicias serbo-bosnias eran las mejor armadas y los musulmanes estaban prácticamente inermes. Habitualmente, cuando un grupo dominaba una población, iniciaba la llamada limpieza étnica asesinando a todos los hombres de las otras etnias, violando a las mujeres y expulsándolas de allí con los niños.

De este modo, se consideraba que el territorio estaba asegurado. En ocasiones la milicia croata (HVO) luchó contra los serbobosnios aliada con la milicia musulmana (*Armija*), pero habitualmente, cada milicia procuraba defender, agrandar y consolidar el territorio de su propia etnia. Para defender las zonas consolidadas se sembró gran cantidad de campos de minas. La ONU decidió enviar una Fuerza Internacional de Interposición, (UNPROFOR), formada por contingentes de 41 naciones, que trató de detener al menos las matanzas de la población civil, pero que fracasó en muchos lugares, especialmente en Srebrenica, donde las restricciones nacionales impuestas a los cascos azules holandeses bordearon el ridículo. Se firmaron numerosos acuerdos de alto el fuego para incumplirlos inmediatamente. No parecía haber remedio a semejante situación.

LOS SERBO-BOSNIOS INTENTAN CREAR SU ZONA Y UNIRLA A SERBIA

La ciudad de Sarajevo, capital de Bosnia, era inicialmente multicultural, pero los serbo-bosnios trataron de crear una zona serbo-bosnia homogénea para lograr su integración con Serbia, para lo cual necesitaban crear un arco completo en el centro de Bosnia, desde Banja Luka, la principal ciudad de mayoría serbia en Bosnia, hasta la frontera con Serbia. Con esta idea aseguraron Zvornik y Bijeljina en el norte de Bosnia, decidieron «limpiar» las localidades musulmanas de Srebrenica, Zepa y Gorazde, y ocupar

Izquierda, soldados americanos ante los restos de un avión de combate yugoslavo MiG-29 Fulcrum *en la ciudad de Ugljevik, Bosnia-Herzegovina, en marzo de 1999. El avión fue derribado por las fuerzas de la OTAN en la Operación* Allied Force. *Derecha, tres especialistas norteamericanos cargan bombas en un F-15 en la base aérea de Aviano, en Italia, el 9 de abril de 1999 para preparar una misión de la Operación* Allied Force *de la OTAN.*

Sarajevo. En el asedio de Sarajevo murieron unas 10.000 personas.

IMPLICACIÓN DE LA OTAN. OPERACIONES «DENY FLIGHT», «SHARP GUARD» Y «ALLIED FORCE»

Esta serie de barbaridades movieron al gobierno de Estados Unidos a decidir apoyar la creación de una república de Bosnia-Herzegovina multi-cultural, pero los serbobosnios, que controlaban militarmente más territorio de lo que les garan-tizaba el Plan Carrington-Cutileiro, la propuesta Vance-Owen o la propuesta Owen-Stoltenberg, se negaban a aceptar acuerdo alguno.

En el verano de 1995, la OTAN decidió iniciar una serie de acciones para garantizar la paz en Bosnia. Primero entró en vigor la Operación *Deny Flight*, por la cual se prohibieron los vue-los de apoyo a las acciones del Ejército serbo-bosnio (VRS). Otra acción de la OTAN fue la Operación *Sharp Guard*, un bloqueo naval en el Adriático para reforzar el embargo de armas. La principal fue la campaña de ataques aéreos (Operación *Allied Force*), en los que las fuerzas aéreas de los aliados (entre ellas el Ejército del Aire español) atacaron las posiciones del ejérci-to serbo-bosnio (VRS) bombardeando radares, centros de comunicaciones, asentamientos de artillería antiaérea, depósitos de municiones y almacenes de material de todo tipo.

Finalmente, incapaces de reaccionar des-pués de dos semanas de ataques aéreos y con la amenaza de que una ofensiva combinada de bos-nios y croatas podía llegar a tomar Banja Luka, los serbo-bosnios aceptaron por los Acuerdos de Dayton la unidad de Bosnia como estado, dividi-do en dos partes, con un 51% del territorio con-trolado por la Federación bosnio-croata y un 49% controlado por la denominada República Srpska de los serbo-bosnios. En febrero de 1996 la Fuerza de Interposición de la OTAN (IFOR), con 60.000 soldados, se hizo cargo de la seguri-dad de Bosnia-Herzegovina y situó su cabecera en Sarajevo. Con esto volvió la paz a Bosnia-Her-zegovina.

EL PROBLEMA DE KOSOVO

El problema de la región de Kosovo en Serbia ha sido el último (por ahora) episodio de reajuste étnico en la antigua Yugoslavia. Kosovo era ini-cialmente una región autónoma dentro de la Re-pública de Serbia. Inicialmente, durante la Edad Media, Kosovo era parte del reino de Serbia has-ta la conquista por los turcos en 1455. Desde en-tonces, según quién estuviera en el poder, los musulmanes o los serbios iniciaron procesos de colonización y limpieza étnica. Acabada la Se-gunda Guerra Mundial, Kosovo volvió a formar parte de la República de Yugoslavia, pero ya como provincia autónoma a partir del año 1974. La mayoría de la población era albano-kosovar, y debido a su mayor índice de natalidad, los serbios se consideraban discriminados por las autoridades locales, lo que acrecentaba la tensión entre la población.

INTENTOS DE SEPARACIÓN A LA MUERTE DE TITO Y REACCIÓN SERBIA

Con la muerte de Tito en 1980, los albano-kosovares trataron de convertirse en una república separada de Serbia, aunque siguieran formando parte de Yugoslavia. Según fue aumentando la tensión étnica y el nacionalismo serbio, el líder serbio Slobodan Milosevic trató de reducir la autonomía kosovar, pretendiendo que fuera Serbia quien nombrara a los representantes de Kosovo en el Consejo Federal. En 1989 se iniciaron diversas medidas de limpieza étnica.

El 22 de septiembre de 1991 Kosovo se declaró independiente de Serbia, decisión unánimemente aceptada por los albano-kosovares, pero que no aceptaron ni los serbo-kosovares ni las autoridades de la República de Serbia. Se sucedieron los enfrentamientos cada vez más graves, pero la comunidad internacional no se dio por enterada hasta que hubo pasado mucho tiempo, exactamente en 1998.

CAMPAÑA AÉREA DE LA OTAN

Finalmente, las naciones occidentales decidieron intervenir de modo similar a como lo habían hecho en Bosnia en 1995. Del 24 de marzo al 10 de julio los aviones de la OTAN (una vez más con la participación del Ejército del Aire español, entre otros) llevaron a cabo una ofensiva de bombardeo selectivo sobre Serbia, con más de 35.000 salidas, mientras que los serbios atacaban a los albaneses en Kosovo.

Como siempre, la primera fase fue de obtención del dominio aéreo con supresión de las defensas antiaéreas de Serbia y la destrucción de su red de alerta y control. Después de tres meses y medio de ataques, el gobierno serbio claudicó y permitió que la paz volviera a Kosovo, aunque mientras tanto 848.000 personas se convirtieron en refugiados. Según la ONU, hubo casi 10.000 civiles muertos y 3.000 desaparecidos (parece que estas cifras son exageradas). Esta ofensiva demostró una vez más que el poder aéreo, bien empleado, es capaz de hacer que un gobierno cambie radicalmente su política.

RESOLUCIÓN DEL CONSEJO DE SEGURIDAD DE LA ONU. LA INDEPENDENCIA DE KOSOVO

De momento, la Resolución 1.244 del Consejo de Seguridad estableció que Kosovo seguía siendo parte de la República Federal de Yugoslavia (formada por Serbia y Montenegro) y en un principio fue administrado por la MINUK (misión de la ONU en Kosovo), con la seguridad en la zona a cargo de la KFOR (una fuerza militar internacional liderada por la OTAN). En 2001 la MINUK empezó a entregar parte del gobierno a las instituciones de Kosovo. En 2002 la República Federal de Yugoslavia desapareció y Kosovo quedó como parte de la República de Serbia. El 17 de febrero de 2008 el Parlamento de Kosovo proclamó su independencia unilateralmente.

Manifestación de estudiantes albanokosovares que protestan a favor de la independencia de Kosovo en las calles de Pristina, Kosovo, el lunes 10 de diciembre de 2007.

Dos miembros de los Navy Seals estadounidenses.
Considerado el cuerpo de élite mejor entrenado,
pueden desplegarse em cualquier operación de
especial dificultad o peligro.

Las guerras del **siglo XXI**

Afganistán e Irak, nuevos conflictos

El 11 de septiembre de 2001 Estados Unidos se vio sacudido por una oleada de atentados que conmovieron profundamente a la opinión pública estadounidense. Terroristas militantes de la organización Al Qaeda consiguieron secuestrar cuatro aviones de pasajeros. En cada grupo de cuatro o cinco terroristas había un piloto lo suficientemente entrenado como para controlar un gran avión de aerolínea después de reducir a su tripulación de vuelo y estrellar el aparato contra un objetivo determinado.

Los dos primeros aviones se estrellaron contra los rascacielos de Nueva York conocidos como las Torres Gemelas; ambos rascacielos se derrumbaron en menos de dos horas, causando más de 2.500 muertos y unos 6.000 heridos. Un tercer avión se estrelló contra el edificio del Pentágono, en las cercanías de Washington. En el cuarto avión, los pasajeros, que estaban enterados de lo que había sucedido con los tres primeros aviones por medio de sus teléfonos móviles, se enfrentaron a los secuestradores y el aparato se estrelló en campo abierto, cerca de Shanksville (Pennsylvania). Los 19 terroristas directamente implicados en los atentados también murieron.

El Consejo de Seguridad de la ONU se reunió y condenó los ataques terroristas. El gobierno de Estados Unidos decidió actuar contra Al Qaeda y su jefe, Osama Bin Laden. Todas las naciones occidentales le ofrecieron su apoyo. El 7 de octubre, menos de un mes después de los ataques, una coalición internacional liderada por Estados Unidos, invadió Afganistán, debido a que su gobierno, formado por musulmanes fundamentalistas exaltados (talibanes), había dado apoyo y asilo a Al Qaeda.

LA INVASIÓN DE AFGANISTÁN EN 2001
Según declaró el presidente George W. Bush, el objetivo de la invasión era hallar y capturar a Osama Bin Laden y otros líderes de Al Qaeda, destruir la organización y las bases de Al Qaeda en Afganistán, y acabar con el régimen de los talibanes que apoyaba a Al Qaeda.

> El ataque a las Torres Gemelas supuso un punto de no retorno en el enfrentamiento occidental con el fundamentalismo islámico

Para esta invasión el apoyo más importante fue el de Pakistán, cuyo gobierno ayudó decididamente a Estados Unidos, proporcionándoles algunas bases para la invasión y arrestando a más de 600 sospechosos de colaborar con Al Qaeda, pese a que una buena parte de la población de Pakistán era simpatizante de Al Qaeda.

PRIMERAS OPERACIONES DE LA COALICIÓN EN AFGANISTÁN (OCTUBRE-NOVIEMBRE DE 2001)
Las primeras fuerzas de la coalición que entraron en Afganistán fueron los equipos de especialistas de la CIA, seguidos de los soldados del 5.º Grupo de Fuerzas Especiales. Al mismo tiempo se realizaron ataques aéreos contra Kabul, la ciudad de Jalalabad (entre Kabul y el paso del Khyber) y Kandahar en el sudeste. En las fases

Vista aérea del atentado contra las Torres Gemelas de Nueva York tomada el 17 de septiembre de 2001. Muestra solamente una pequeña parte de los daños que sufrió el World Trade Center tras el ataque terrorista del 11 de septiembre en el que la fuerza masivsa de las torres al caer hizo que muchos edificios circundantes fueron gravemente dañados.

Marines del 1.ᵉʳ Batallón del 6.º de Marines sorprenden al propietario de un local que se negó a abrir la puerta durante una búsqueda de la Operación El Dorado.

ORIGEN DE LOS TALIBANES

En la guerra de guerrillas de los talibanes contra los soviéticos (1979-1989), aprovechando que los generales y oficiales soviéticos que entraron en Afganistán sabían aún menos de la guerra subversiva que los americanos cuando llegaron a Vietnam, los afganos, al principio casi sin armamento ni equipos, aplicaron el principio de Mao «la logística corre a cargo del enemigo» y resistieron las ofensivas de las tropas soviéticas. Afganistán no estaba cubierto de bosques o selvas, pero las montañas abruptas eran un terreno que los afganos conocían y los soviéticos no. Cuando los rusos empezaron a emplear helicópteros de ataque, los norteamericanos suministraron a los afganos misiles *Stinger*, que no necesitaban un lanzador más sofisticado que el hombro humano. En febrero de 1989 los soviéticos abandonaron Afganistán. Estos talibanes eran los que ahora apoyaban a Al Qaeda.

Lo irónico del caso era que en su día Estados Unidos había ayudado a los guerrilleros musulmanes denominados *muyahidines* o talibanes para expulsar de Afganistán a los rusos, que habían invadido este país a finales de 1979 para apoyar al gobierno pro soviético de Babrak Karmal, que se tambaleaba. Los *muyahidines* eran todos los guerrilleros islamistas en Afganistán, mientras que los talibanes eran los guerrilleros islamistas más fundamentalistas. Su principal dirigente (y al parecer su creador) fue el mullah (*ulema*) Mohammed Omar. Poco a poco habían conseguido dominar todo el territorio de Afganistán e imponer allí la *sharia* o ley islámica más estricta.

iniciales de la Operación *Enduring Freedom* (Libertad Duradera) las fuerzas especiales de Estados Unidos y Gran Bretaña, trabajando conjuntamente con los militantes del Frente Afgano Unido, lograron expulsar a los talibanes de Kabul y de la mayor parte de Afganistán en solo unas semanas. En noviembre lograron ocupar Herat, cerca de la frontera oeste con Persia.

HUIDA INICIAL DE LOS TALIBANES Y LÍDERES DE AL QAEDA

De los principales líderes de Al Qaeda, los estadounidenses solo lograron localizar a Mohamed Atef, considerado el n.º 3 de la organización, que murió en un bombardeo cerca de Kabul. La mayoría de los talibanes más veteranos huyó a Pakistán; algunos fueron evacuados en un puente aéreo a la región de Kunduz en el norte de Pakistán, donde podrían estar seguros sin comprometer al gobierno pakistaní. Al parecer, entre los escapados en esta huida estaba Osama Bin Laden, que finalmente fijó su residencia en Abbottabad, pequeña ciudad del departamento del Khyber, en el norte de Pakistán, donde fue descubierto en mayo de 2011 y capturado por las fuerzas especiales estadounidenses, que lo transportaron a un buque y lo ejecutaron en alta mar.

ESTABLECIMIENTO DE LA REPÚBLICA ISLÁMICA DE AFGANISTÁN (2001)

En Kabul se estableció un régimen democrático denominado República Islámica de Afganistán, presidido por Hamid Karzai. No era una democracia perfecta, pero en principio los señores de la guerra de las diversas regiones aceptaron formalmente a Karzai y su régimen.

Hay que tener en cuenta que el sentido de la lealtad de los afganos en general es a la familia, al clan, a la tribu y al islam. Para garantizar la seguridad y la estabilidad en Afganistán, la ONU creó la Fuerza Internacional de Asistencia y Seguridad (ISAF), formada por tropas de 42 países, cuyo núcleo central estaba formado por fuerzas de las naciones miembros de la OTAN.

La ISAF relevó oficialmente a todas las fuerzas de la coalición en Afganistán.

COMIENZO DE LA GUERRA DE GUERRILLAS DE LOS TALIBANES

En 2003 los talibanes iniciaron una guerra de guerrillas contra la República Islámica de Afganistán, Hamid Karzai y las fuerzas extranjeras que los apoyaban y mantenían en el poder. Esta guerra de guerrillas ha ido creciendo en extensión e intensidad desde entonces y tiene su cuartel general en la zona de Quetta (Pakistán), donde el gobierno pakistaní, debido a sus problemas internos, no crea ningún problema a Al Qaeda. Los talibanes emplean la guerra de guerrillas o el terrorismo urbano, según les interese en cada caso. Se considera que son los causantes de más del 80% de las bajas de las fuerzas de ISAF en la actualidad.

Para montar emboscadas los talibanes aprovechan el terreno tomando posiciones a lo largo de unos 200 m de carretera; es decir, un hombre cada 30 m. Explotan cargas en la carretera y disparan contra los conductores y los jefes de destacamento. A los vehículos blindados de la escolta les atacan con granadas y, a veces, misiles contracarro. Además, los jefes guerrilleros suelen captar rápidamente la propaganda que pueden obtener de algunos ataques, como cuando el 21 de agosto de 2012 atacaron con misiles el avión que llevó al general Martin Dempsey, jefe del Estado Mayor Conjunto de Estados Unidos, a la base de Bagram, cerca de Kabul. El general ya estaba fuera del aparato y los daños en el C-17 fueron menores, pero al día siguiente tuvo que tomar otro avión para volver a Estados Unidos y los talibanes pregonaron su victoria.

Un marine de la 15.ª Unidad Expedicionaria (operaciones especiales), dirige a una columna de marines a una posición de seguridad tras tomar una base avanzada talibán durante la Operación Libertad Duradera.

POLÍTICA OSCILANTE DEL MUNDO OCCIDENTAL FRENTE A LA INSURGENCIA

Frente a esta oposición indefinida, la política de los aliados ha sido errabunda y oscilante. Como ejemplo, en diciembre de 2009 el presidente Barack Obama de Estados Unidos anunció que enviaría 30.000 soldados más a Afganistán, pero solo por un periodo de seis meses, y en junio de 2011 anunció que retiraría 10.000 soldados más en diciembre de ese año. Lo peor es que fijó la fecha de la retirada total (solo se quedarían algunos instructores con el Ejército afgano) para 2014, con lo cual los guerrilleros ya sabían que no les quedaba mucho tiempo de espera.

Tal vez por eso ya en enero de 2010 el presidente Karzai anunció que intentaría establecer contactos con los máximos jefes de los talibanes para presentarles una iniciativa de paz. Los talibanes no parecían muy interesados en empezar a negociar si en solo dos años lo iban a tener más fácil debido a la retirada de los aliados, por lo que respondieron con un aumento de los actos terroristas (bombas y asesinatos) y de las actividades de la guerrilla.

Por otro lado, algunos grupos afganos defensores de la democracia creyeron que estas ofertas de paz de Karzai se saldarían con pérdidas en la Constitución democrática, el proceso democrático y los derechos humanos, sobre todo los de las mujeres.

LA EXPERIENCIA DE LAS TROPAS ESPAÑOLAS EN AFGANISTÁN

A mediados de 2010 había en Afganistán entre 1.600 y 2.000 militares españoles, aproximadamente entre cuatro o cinco veces más que en la primavera de 2004. Salvo algún caso aislado, las tropas españolas en Afganistán no se enfrentaron a terroristas urbanos porque no tuvieron que defender edificios o instalaciones en ciudades, sino a guerrilleros que habitualmente les atacaban al patrullar por la ruta *Lithium* o la famosa *Ring Road* (la gran carretera circular afgana), que son las dos carreteras que se esta-

ban intentando construir en la provincia de Badghis, o al proteger a los equipos de trabajo. Hay que tener en cuenta que las rutas de la región estaban sin pavimentar y que cuando llegaba la temporada de lluvias se convertían en un lodazal donde a veces los vehículos avanzaban menos de 10 km en un día.

¿CÓMO ACTÚAN LOS GUERRILLEROS TALIBANES?

La manera de actuar de las guerrillas afganas estaba muy perfeccionada por los años que llevan dedicadas a este tipo de combates. Normalmente las acciones de combate estaban bien planeadas en función de la información de que disponían. Continuamente recibían información de sus observadores o de colaboradores ocasionales y las directivas para cada combate eran flexibles para adaptarse a los cambios posibles. Aunque puede haber un mando regional o provincial de las guerrillas, la ejecución está siempre muy descentralizada.

A veces colocaban un grupo sospechoso en el horizonte para distraer la acción de una patrulla, mientras que otro grupo de guerrilleros tomaba posiciones junto a la ruta que suponían que iba a seguir la patrulla. Los guerrilleros son maestros en el arte de la paciencia y la espera; si no han podido atacar con ventaja a la patrulla hoy, lo harán mañana o pasado.

LOS GUERRILLEROS NO SIGUEN PAUTAS FIJAS, SON IMPREVISIBLES

En ocasiones hay zonas que se han patrullado sin ningún incidente durante meses porque parece que se trata de un valle amplio y árido, que no ofrece escondites para los guerrilleros a menos de 300 o 400 m de distancia de la ruta. Sin embargo, es posible que una pequeña ondulación pueda ocultar a un pequeño grupo de seis o siete guerrilleros, armados incluso con un fusil ametrallador, que es un arma peligrosa cuando se sorprende a una patrulla; a veces han llegado a preparar una posición durante una semana o 15 días si creen que puede valer la pena.

Soldados estadounidenses del 1.er Batallón del 32.º Regimiento de Infantería de la 10.ª División de Montaña disparan proyectiles de mortero a los talibanes en la provincia de Nuristán, en Afganistán, el 12 de julio de 2009.

Línea de ametralladoras de una sección de la Compañía Charlie, del 1.er Batallón del 3.er Regimiento de Marines, el 9 de febrero de 2010 en Afganistán, en un cruce de carreteras que une el bastión rebelde de Marjeh con el resto de la provincia de Helmand.

Una ventaja para las tropas internacionales fue que los afganos no están muy bien instruidos en el tiro y disparan un poco a voleo, además de que un *kalashnikov* no es un arma muy precisa a 150 m. Por eso los guerrilleros disparaban a media distancia (tampoco se acercaban demasiado porque entonces no podían retirarse rápidamente) y después de un rápido intercambio de disparos desaparecían en cualquier irregularidad del terreno, antes de que llegara otra patrulla de refuerzo o una pareja de helicópteros de combate.

LAS POSICIONES Y LOS ACUARTELAMIENTOS

Cuando hay que establecer posiciones fijas, es recomendable que no sean unos puestos donde los hombres y el material estén anclados espe-

rando la acción del enemigo, ya que esto enerva a las tropas propias y las desmoraliza.

Es preciso que sean realmente seguros y que estén alejados de los núcleos de población, aunque esta sea amiga, pues puede ser un vivero de informadores, aparte de que pueden servir como asentamiento de algunas armas (morteros, lanzagranadas, etc.) en cualquier momento. Si es preciso gastar algo más en mejorar los acuartelamientos y los vehículos de patrulla, es una inversión muy productiva, pues los gobiernos occidentales tienen verdadero terror a tener que asumir bajas y declarar que envían a sus tropas a realizar misiones de riesgo.

La gran base española Ruy González de Clavijo, situada junto a la base aérea de Qala-i-

El 2.º Batallón del 22.º Regimiento de Infantería de la 10.ª División de Montaña de EE. UU. se dirige a la rampa del CH-47 Chinook *el 4 de septiembre de 2003 en Afganistán. Debían aproximarse al distrito de Daychopan para buscar depósitos de armas talibanes.*

Naw, es un buen ejemplo por la protección que proporcionó no solo a las fuerzas españolas en Afganistán, sino también al Equipo de Reconstrucción Provincial (PRT) de Badghis. Sobre todos estos aspectos el ejército español tiene la valiosa experiencia de los años en Afganistán, la experiencia previa de los Balcanes y la valiosísima experiencia histórica de 20 años de guerra en Marruecos con los mismos condicionantes políticos.

LOS TERRORISTAS SUICIDAS

Un aspecto muy peligroso de la lucha contra los guerrilleros es la posible aparición de un terrorista suicida. Contra él solo cabe disponer de instalaciones fijas de seguridad, con obstáculos, alambradas, sistemas de alarma, muros deflectores de explosiones y espacios entre obstáculos, que disminuyan la potencia ofensiva de sus cargas explosivas. El terrorista suicida puede ser un fanático, pero no será tan ingenuo como para atacar si no tiene buenas posibilidades de lograr el éxito. Sus armas principales son la sorpresa, la posibilidad de escoger el lugar y el momento de actuar, y su disposición a entregar la vida por la causa.

AYUDA DE LAS MILICIAS CURDAS EN EL NORTE

Aunque los aliados no pudieron finalmente atacar Irak desde Turquía, las unidades especiales de inteligencia habían conseguido que las milicias curdas (*Peshmerga*) apoyasen la invasión con 70.000 hombres, derrotando a las fuerzas de Ansar al-Islam que defendían la zona norte. Los curdos tuvieron bastantes bajas, pero dominaron la zona de Arbil y Sulaymaniyah, ocupando a las fuerzas iraquíes que defendían Mosul y Tikrit, y descubrieron una fábrica de armas químicas en Sargat.

La 173.ª brigada aerotransportada de Estados Unidos fue depositada en la zona para apoyarles, pero no llegaron a constituir el brazo norte de la tenaza hacia Bagdad como se había previsto inicialmente.

Infantes de marina estadounidenses en un vehículo blindado ligero se preparan para salir de patrulla en Afganistán.

ARMAS DE DESTRUCCIÓN MASIVA

Se dice que la CIA y la DIA sabían que Irak no tenía armas de destrucción masiva. Cuando Sadam Husein fue capturado, comentó que antes de la invasión él creía que las autoridades de Estados Unidos sabían con seguridad que Irak no tenía armas de destrucción masiva. Al parecer, los servicios de inteligencia estadounidenses dijeron en sus informes al presidente Bush y al gobierno lo que ellos creyeron que el presidente quería oír. En cambio, Sadam pensó que, si sus vecinos creían que él disponía de armas de destrucción masiva, esto redundaría en una mayor seguridad internacional para Irak.

LA NECESIDAD DE MANTENER LA INICIATIVA

Resulta muy importante arrebatar la iniciativa a los guerrilleros y abandonar la rutina en los horarios de las patrullas, ya que las condiciones de la misión y la orografía del terreno no permiten grandes variaciones en las rutas. Las patrullas no pueden ser defensivas, sino ofensivas, persiguiendo sistemáticamente a los grupos de guerrilleros. El fuego aéreo puede ser muy importante para acabar con estos grupos, lo mismo que el fuego de la artillería ligera o pesada, que destruye a los grupos enemigos y ahorra las bajas propias que se podrían tener en un enfrentamiento prolongado, pero es difícil encontrar objetivos rentables para la artillería pesada.

Arriba, restos calcinados de T54 y T55 iraquíes en Diwaniya, Irak. Abajo, carro de combate M1A1 asignado a la Brigada Expedicionaria de Marina desembarca de una lancha en un puerto de Kuwait el 15 de febrero de 2003.

LA INVASIÓN DE IRAK (OPERACIÓN «IRAQI FREEDOM»)

En marzo de 2003 el presidente de los Estados Unidos George W. Bush (Bush hijo) decidió invadir Irak. Sus razones eran tres: desarmar a Irak y privarle de las armas de destrucción masiva que estaba almacenando, castigarle por la ayuda prestada a los terroristas de Al Qaeda para los atentados del 11-S y liberar al pueblo iraquí de una dictadura sangrienta.

Después de la invasión se vio que Irak no almacenaba armas de destrucción masiva, aunque sí es cierto que en 1988, durante la guerra Irán-Irak, el ejército iraquí había utilizado armas químicas (gas mostaza, gas sarín, gas tabun y VX) contra los separatistas curdos que se habían sublevado en Halabia, cerca de Mosul y Kirkuk.

Tampoco se han encontrado pruebas de su supuesto apoyo a Al Qaeda. Entre los países que más apoyaron a Estados Unidos, estaban Gran Bretaña, Australia, Dinamarca, España, Polonia y Portugal.

INICIO DE LOS COMBATES. OPERACIÓN «IRAQI FREEDOM» (LIBERTAD PARA IRAK)

El 20 de marzo comenzó el ataque de la coalición contra Irak. Las fuerzas de Estados Unidos comprendían 225.000 soldados, 800 tanques y 600 vehículos de combate de infantería, 400 helicópteros de ataque o transporte y más de 500 aviones de ataque. Las fuerzas navales eran los cuatro grupos de ataque de los portaaviones *Constellation, Harry S. Truman, Abraham Lincoln* y *Theodore Roosevelt*. Gran Bretaña aportó 45.000 soldados con tanques, helicópteros, aviones y buques. Australia también aportó 2.000 hombres, helicópteros y buques. Polonia aportó unos 200 soldados para empezar.

Por su parte, Sadam Husein había dividido Irak en cuatro zonas, encargando la defensa de cada una de ellas a alguien de su entera confianza. Las fuerzas armadas iraquíes todavía disponían de unos 325.000 hombres en el ejército, 400.000 como reserva, 2.200 carros de combate,

Soldados de la 3.ª Brigada del Ejército iraquí, División 14.ª de formación básica en Basora durante la graduación el 13 de febrero de 2008.

LAS CIFRAS

Se esperaba que las operaciones de combate de la coalición fueran perfectas, reduciendo al mínimo las bajas propias y evitando por completo los llamados daños colaterales. Gracias a la acción aérea y a la superioridad del material y del adiestramiento de las tropas aliadas, sufrieron muy pocas bajas. Luego han sufrido muchas más debido a los atentados y la acción de la guerrilla durante los ocho años de ocupación. En total, unos 4.700 muertos y 35.000 heridos. Por parte iraquí las bajas totales se estiman entre 100.000 y 110.000 muertos e incontables heridos, debido sobre todo a los atentados terroristas y a las guerrillas. Parece que los muertos en los combates en 2003 fueron menos de 6.000. Algunos periodistas que cubrían las operaciones resultaron heridos o muertos. Así, por ejemplo, el martes 8 de abril dos periodistas que estaban asomados en el Hotel Palestina de Bagdad, el español José Couso y el ucraniano Taras Prosyuk, murieron por los disparos de un tanque M-1 *Abrams* de la 3.ª división de infantería mecanizada cuya tripulación, al parecer, creyó que las cámaras de televisión con las que les enfocaban eran lanzamisiles y les mató de un cañonazo.

3.300 vehículos acorazados de transporte de infantería y unos 500 vehículos ligeros de combate. Su aviación, que contaba con Mirage F1, MiG-21, MiG-23 y MiG-25, prácticamente no participó en la guerra.

PRIMERAS OPERACIONES

Los primeros ataques se realizaron mediante cazas *Stealth* F-117 y misiles de crucero *Tomahawk*, tratando de destruir la red de mando y control iraquí y sus lanzadores de misiles *Salmud*. No obstante, al poco tiempo los iraquíes ya habían lanzado tres misiles *Salmud* contra Kuwait. Los misiles *Patriot* allí desplegados solo interceptaron uno, pero los otros dos cayeron en zonas deshabitadas sin causar daños graves. Por otra parte, los iraquíes habían perfeccionado algunos sistemas contra los misiles de crucero; parece que lograron degradar las señales del sistema GPS en la zona con la ayuda de equipos y técnicos rusos e interferir los sistemas de guía por infrarrojos.

AVANCES HACIA BASORA Y NASIRIYA

El componente mayor de las fuerzas de invasión eran tropas de Estados Unidos, como la 3.ª división de infantería mecanizada y la 1.ª división de marines, que avanzaron desde Kuwait y enlazaron con la 101.ª división aerotransportada ocupando Nasiriya y la base aérea de Talil. También participaron la 1.ª división acorazada británica, que se apoderó de la zona de Basora enlazando con la 16.ª brigada de asalto aéreo británica y la 3.ª brigada de *Commandos* británica, en la que se integró un grupo especial de los US Marines y otro del GRUM polaco ocupó el puerto de Umm Qasr. Los comandos polacos ocuparon algunas plataformas petrolíferas en el Golfo.

LLEGADA DE LAS FUERZAS DE ESTADOS UNIDOS A LA «ZONA ROJA» DE DEFENSA DE BAGDAD

Desde el sur, las fuerzas de la 3.ª división de infantería y la 1.ª de marines progresaron más fácilmente de lo previsto. La mayoría de las uni-

dades del Ejército iraquí abandonaron sus armas y uniformes, y trataron de confundirse con la población civil. Desde Nasiriya, la 3.ª división mecanizada siguió por el Éufrates y se acercó hacia Bagdad hasta llegar a la denominada «zona roja», donde estaban desplegadas las fuerzas de la guardia republicana para defender Bagdad, con la división Hammurabi cubriendo el avance desde el norte y la división Medina defendiendo los accesos desde el sur. La 3.ª mecanizada rodeó Najaff y no chocó con la primera resistencia seria hasta Kerbala, a unos 75 km de Bagdad, donde se tuvo que detener en el cuarto día de avance.

Hasta entonces las tropas estadounidenses avanzaban con la mayor rapidez y, si encontraban una seria resistencia en algún punto, rodeaban la posición y dejaban allí una parte de sus efectivos para neutralizarla mientras seguían avanzando. Hubo que emplear las tropas de las divisiones 101.ª y 82.ª en Nasiriya y Najaff para que las otras dos divisiones de punta pudieran seguir avanzando con el grueso de sus efectivos. Entonces la 1.ª de marines se dirigió hacia Al Kut en el valle del Tigris y avanzó a lo largo de su cauce.

ENTRADA EN BAGDAD Y FIN DE LOS COMBATES EN TODO IRAK

El séptimo día de combate, ambas divisiones ya reagrupadas reemprendieron su avance hacia Bagdad. Se esperaba una resistencia numantina, tipo Stalingrado, de la guardia republicana, que tenía sus tropas bien atrincheradas y sus tanques protegidos de la acción aérea en zonas de arbolado o en garajes, pero no fue así. Primero se tomó el aeropuerto y algunos barrios periféricos; luego la 1.ª de marines entró en Bagdad por el sudeste, y la 3.ª mecanizada fue la que ocupó el centro de la ciudad, procedente del sur, el 9 de abril. Todavía fue necesario combatir durante varios días más para enlazar con las unidades especiales que habían avanzado desde el oeste y con las que estaban combatiendo al norte en la zona de Tikrit, Mosul y Kirkuk hasta el 14 de abril.

Marines estadounidenses retienen prisioneros en una zona de espera del desierto de Irak el 21 de marzo de 2003, durante la Operación Iraqi Freedom.

Tropas estadounidenses y kuwaitíes se unen para cerrar la puerta entre Kuwait e Irak después del paso de los últimos convoyes militares el 18 de diciembre de 2011, que marcó el final de la Operación Nuevo Amanecer.

RETIRADA FINAL DE LAS ÚLTIMAS TROPAS ALIADAS EN 2011

Hay que tener en cuenta que, a pesar de la descomposición del Ejército iraquí y de la superioridad técnica de las fuerzas estadounidenses, el Ejército de Estados Unidos tuvo que aumentar continuamente el número de tropas empleadas en esta campaña. El 20 de marzo solo disponía de siete brigadas en la zona, el 11 de abril ya tenía empeñadas nueve brigadas y el 1 de mayo, cuando teóricamente ya habían terminado las operaciones, tenía 17 brigadas en Irak. Esto demuestra que no se había planeado bien qué hacer en Irak una vez que hubiesen acabado las operaciones de combate. Solo el cambio de las personas encargadas de ejercer la autoridad aliada en Irak y el cambio de la política aliada han permitido que después de ocho años los aliados hayan podido retirar todas sus tropas de Irak, entregando la administración y la seguridad a un gobierno iraquí.

EL NUEVO MANUAL PARA LA CONTRAINSURGENCIA FM 3-24

Desde finales de 2005 se había empezado a revisar toda la doctrina del Ejército de Estados Unidos sobre las operaciones antiguerrilla o de contrainsurgencia. El general David Petraeus, que estaba entonces al frente del Centro Interarmas (CAC) de Fort Leavenworth, dirigió la redacción del nuevo *Manual de Contrainsurgencia* FM 3-24, aprovechando las lecciones aprendidas directamente en su primer periodo en Irak y las reflexiones suyas y de otros muchos oficiales sobre la guerra de Vietnam. En la redacción de manual colaboró el general Mattis, de los marines, y otros expertos, como el teniente coronel John Nagl, autor del libro *Aprendiendo a comer sopa con un cuchillo*, en el que incorporaba lecciones de Vietnam y Malasia.

LA TESIS DEL GENERAL PETRAEUS (2007)

En 2007 el mismo general David Petraeus, entonces general en jefe de las fuerzas de Estados Unidos en Irak, declaró: «Cualquier estudioso de la historia reconoce que no hay una solución militar para un problema como el de la insurgencia en Irak». Entonces el gran público supo que Petraeus, doctor en relaciones internacionales por la Universidad de Princeton, era el autor de una tesis de 328 páginas sobre la guerra del Vietnam, escrita en 1987, de la que destacan sus recomendaciones al presidente de Estados Unidos, que se podrían aplicar perfectamente a la contienda de Irak o de Afganistán: «El empleo de fuerzas militares en el extranjero debería comprender una serie de condiciones previas. Señor presidente, no envíe tropas a menos que: (1) Usted tenga realmente que hacerlo, en cuyo caso, presumiblemente, estarán en juego intereses vitales de Estados Unidos. (2) Usted haya establecido objetivos militares claros y alcanzables para las fuerzas armadas; es decir, algo más que confusas metas políticas. (3) Usted facilite a los comandantes militares suficientes fuerzas y necesaria libertad para cumplir la misión con prontitud; recuerde, señor presidente, que esto puede necesitar la movilización de reservistas y quizá, incluso, una declaración formal de guerra. (4) Usted pueda asegurar suficiente respaldo público para permitir cumplir con ese compromiso militar hasta su final».

Dos soldados estadounidenses a cubierto durante un tiroteo contra los guerrilleros en Al Doura (Bagdad) el 7 de marzo de 2007.

Un tanque M2 Bradley *vuelve a la batalla después de efectuar un repostaje durante las operaciones de combate de Faluya, en Irak, en noviembre de 2004.*

EL PAPEL DE LA OTAN EN LOS CONFLICTOS DEL FUTURO

La OTAN ha sido la más eficiente de las organizaciones militares de nuestro tiempo, pues ha logrado terminar con su rival (el Pacto de Varsovia) sin llegar a combatir contra él. Pero la OTAN ha tenido que evolucionar desde su creación hasta la actualidad para adaptarse a las nuevas formas de hacer la guerra y a los nuevos escenarios.

Hay que tener en cuenta que durante más de 40 años la alianza estuvo preparada para hacer la guerra en Europa, en un terreno conocido, donde todas las naciones miembros (menos Islandia) tenían desplegadas parte de sus fuerzas, y con una cadena logística ya establecida en tiempo de paz, que no necesitaba que se crease en caso de conflicto, sino solo que se reforzase lo ya existente.

La amenaza era mucho más potente y masiva que cualquiera de las nuevas a las que se ha tenido que enfrentar en los últimos tiempos, pero era mucho más conocida y previsible que cualquiera de los riesgos del momento actual. Pero la OTAN, después de sus actuaciones decisivas en los Balcanes, ha llegado a desplegar unidades de casi todas las naciones miembros fuera de zona, en Afganistán y, más recientemente, en Libia, y lo ha hecho con éxito.

Para adaptarse a esta nueva situación, la OTAN ha aplicado una serie de principios muy sencillos del arte militar, que ya se han aplicado con éxito a la guerra desde tiempo inmemorial, pero que últimamente parecían olvidados, quizá porque parecían tan evidentes que no era necesario enunciarlos, y por eso se incumplían con demasiada frecuencia:

1.º) Las fuerzas de la OTAN han de ser capaces de desplegarse en cualquier lugar de la Tierra y con la fuerza necesaria para poder cumplir la misión asignada.

2.º) Las operaciones de la OTAN se harán teniendo en cuenta, sobre todo, el efecto a conseguir. Esto requiere una integración total de los medios, tanto militares como civiles.

3.º) La organización de la OTAN en el teatro de operaciones se estructurará en forma de red, en la que cada elemento de la seguridad (lo cual incluye las fuerzas militares, las de orden público y todo tipo de organizaciones civiles) tenga su lugar, sus enlaces y sus cadenas jerárquica y operativa perfectamente establecidas.

4.º) La OTAN ha de mantener operativo su despliegue, en cualquier lugar en que este se efectúe, por medio de la correspondiente cadena logística. Muchos de los lectores recordarán que, en determinadas maniobras, ejercicios u operaciones reales de la OTAN, estos preceptos ya se cumplían; pero no estaban establecidos formalmente antes de empezar las operaciones. Para eso está la doctrina oficial; para recordárnoslos.

La guerra civil en
Libia en 2011

Dentro del complejo proceso denominado la Primavera Árabe, la guerra civil de Libia es la única en la cual la OTAN se ha involucrado directamente. Como todos los ejemplos de la Primavera Árabe, empezó con manifestaciones y protestas pacíficas contra el régimen de Muamar el Gadafi, pero terminó en una terrible guerra civil. El 17 y el 18 de febrero la oposición se lanzó a la toma de las calles. Las manifestaciones fueron fuertemente reprimidas por el régimen, lo cual a su vez produjo aún más violencia.

Los procesos similares de Túnez y Egipto, por ejemplo, han terminado en unas elecciones generales sin demasiada efusión de sangre previa, pero en Libia el gobierno estaba determinado a no dejar que la oposición pudiera derrocar al régimen y se opuso a ello con todos los medios a su alcance. Para reprimir las protestas, el régimen de Gadafi llegó a hacer uso hasta de la aviación.

INICIO DE LOS COMBATES. LA REVUELTA SE EXTIENDE

La revuelta se extendió rápidamente a Cirenaica, la parte oriental de Libia, tradicionalmente opuesta a Gadafi. Buena parte del Ejército libio estacionado en esta zona se unió a los rebeldes, mientras los leales al régimen abandonaron las armas y los cuarteles. Los rebeldes organizaron en Bengasi un Consejo Nacional de Transición, como oposición al gobierno de Gadafi en Trípoli.

El 21 de febrero, los manifestantes en Trípoli incendiaron la sede de la Jefatura del gobierno y el Ministerio de Justicia. Varias personalidades del régimen y militares se unieron a los manifestantes, entre otros el ministro de Justicia. Gadafi respondió con más violencia y declaró en televisión: «Moriré como un mártir luchando hasta el final».

Cuando los manifestantes llegaron a controlar algunas ciudades, el enfrentamiento político se convirtió en una lucha armada y finalmente, una resolución del Consejo de Seguridad de la ONU autorizó la intervención de una alianza de países deseosos de proteger los derechos humanos de los opositores a Gadafi. La aviación de Gadafi atacó la ciudad de Bengasi causando al menos 250 muertos. Algunos pilotos militares desertaron para no tener que atacar a la población civil y varios ministros, embajadores y líderes religiosos abandonaron al dictador. Gadafi y sus leales se atrincheraron en Trípoli.

> En el contexto de la Primavera Árabe, la población se sublevó contra Gadafi, que no dudó en iniciar una cruenta guerra civil

El 25 de febrero estallaron disturbios en Trípoli a la salida del rezo en las mezquitas. A finales de febrero la oposición logró controlar inclusive algunas ciudades del oeste de Libia, cerca de Trípoli. Entonces la fuerza aérea libia bombardeó estas ciudades. El 24 de febrero Gadafi acusó a Osama Bin Laden y Al Qaeda de fomentar las revueltas. La Unión Europea empezó a preparar la evacuación de los casi 5.000 ciudadanos europeos que se encontraban en Libia. A primeros de marzo el Ejército de Gadafi pasó a la ofensiva y consiguió recuperar varias ciudades en el oeste y la parte central de Libia. Luego atacó Bengasi y Misrata, las principales ciudades bajo el dominio de los opositores. Miles de libios huyeron al extranjero. La Liga Árabe suspendió a Libia como miembro y apoyó el establecimiento de una zona de exclusión aérea contra el gobierno libio. El 26 de febrero de 2011 el Consejo de Seguridad de la ONU aprobó la resolución1.970 advirtiendo a Gadafi de que los medios de represión utilizados podrían constituir un delito de lesa humanidad.

El 2 de marzo las fuerzas de Gadafi intentaron recuperar Brega, la segunda ciudad más importante en manos de los rebeldes, pero fracasaron. Los líderes del Consejo Nacional de Transición solicitaron a la ONU el establecimiento de una zona de exclusión aérea. El 5 de marzo las fuerzas de Gadafi pasaron a la ofensiva y el 9 y 11 de marzo obtuvieron varias victorias tácticas; el 13 de marzo consiguieron entrar en Brega. El día 12 la Liga Árabe dio su apoyo a la creación de una zona de exclusión aérea sobre Libia con los únicos votos en contra de Argelia y Siria. El 16 de marzo la ONU pidió el cese de hostilidades por ambas partes. El 17 de marzo la resolución 1.973 del Consejo de Seguridad declaró el establecimiento de una zona de exclusión aérea en Libia, autorizando a los estados miembros a tomar «todas las medidas que sean necesarias» para proteger a la población civil de Libia, pero con exclusión expresa del uso de fuerzas de ocupación. Para ganar tiempo, Gadafi anunció una tregua, mientras sus tropas atacaban Aldabiya y Misrata.

El 19 de marzo, mientras el gobierno libio seguía atacando a la población civil de Bengasi, haciendo caso omiso del ultimátum de la ONU, Francia inició los ataques al suelo con aviones Rafale y Mirage 2.000, AWACS y aviones cisterna. Los primeros objetivos fueron cuatro tanques del Ejército libio. Horas después, los aviones estadounidenses y británicos se unieron a los franceses, atacando las defensas aéreas de la zona oeste de Libia y otros objetivos cerca de Trípoli y Misrata. Esa noche se lanzaron 110 misiles To-

Fotografía de Muamar el Gadafi tomada el 2 de febrero de 2009 en la cumbre de la Unión Africana (UA) en Abdis Abeba. Gadafi fue dictador de Libia durante más de 40 años, desde septiembre de 1969 hasta su muerte, en 2011, cuando fue ejecutado por soldados rebeldes libios en plena calle.

mahawk desde buques y submarinos de Estados Unidos y Gran Bretaña.

Después de un apasionado debate en el interior de la OTAN, Estados Unidos cedió a la alianza el control de las operaciones. Entonces Italia cedió sus bases en Sicilia y Cerdeña para los aviones que participaban en las operaciones. El

La intervención de la OTAN. La OTAN se vio obligada a intervenir en la guerra para impedir que la aviación gubernamental hiciera una matanza con los manifestantes, que por su parte cada vez estaban mejor armados y organizados, pues algunas de las autoridades militares del régimen se habían unido a los manifestantes.

LAS FUERZAS ALIADAS
EN LA OPERACIÓN «UNIFIED PROTECTOR»

En la Operación *Unified Protector* participaron Estados Unidos, Francia y Gran Bretaña realizando ataques a objetivos militares. Arabia Saudí, Bélgica Canadá, Dinamarca, Emiratos Árabes Unidos, España, Grecia, Holanda, Italia, Jordania, Noruega, Qatar y Turquía colaboraron en el establecimiento de la supresión de los vuelos en la zona de exclusión aérea. La flota estadounidense en el Mediterráneo occidental estaba preparada con dos buques de asalto anfibio, *Kearsarge* y *Ponce*, un submarino lanzamisiles, un buque de mando y tres destructores.

LA PRIMAVERA ÁRABE ALCANZA SIRIA

Los efectos de la Primavera Árabe llegaron también a Siria, en 2011, desembocando en una guerra civil que enfrentó al régimen de Bashar-el-Assad con los opositores del Estado Islámico. Esta cruenta guerra se cobró un precio muy elevado en muertos y heridos y provocó además una crisis de refugiados sin precedentes, en la que millones de desplazados saturaron las fronteras europeas.

23 de marzo los aliados atacaron a la artillería del gobierno que bombardeaba Misrata. Los rebeldes formaron un gobierno provisional presidido por Mahmud Jabril, un profesor de ciencias políticas de las universidades de El Cairo y Yale. El 26 de marzo los rebeldes recuperaron Brega y el día 27, la terminal petrolífera de Ras Lanuf, pero las fuerzas de Gadafi iniciaron su contraofensiva y el 30 de marzo reconquistaron Ras Lanuf. Ese mismo día el ministro de Exteriores libio, Mussa Koussa, considerado un peso fuerte en el gobierno, dimitió y se exilió en Londres. El 31 de marzo las tropas de Gadafi ocuparon el puerto de Marsa el Brega y se acercaron hasta Bengasi.

Hasta el día 9 las fuerzas de Gadafi siguieron avanzando y recuperando algunas poblaciones aprovechando el mal tiempo que no permitía los ataques aéreos de la OTAN. Asentaban su artillería entre la población civil, utilizada como escudos humanos para evitar los ataques aéreos de la OTAN. Por fin, de mediados de abril a finales de julio los rebeldes volvieron a avanzar y poco a poco recuperaron Brega, Ras Lanuf y Mis-

rata. El 27 de julio el general Abdul Fatah You-nis, jefe de las operaciones militares del Consejo Nacional de Transición, fue secuestrado y muerto. Se acusó a un comando de Gadafi, pero sus partidarios dijeron que había sido asesinado por facciones enemigas dentro del mando rebelde.

OFENSIVA FINAL HACIA TRÍPOLI

A partir del 13 de agosto los rebeldes empezaron a avanzar hacia Trípoli. El 21 de agosto comenzó el cerco de la ciudad, iniciando el ataque del complejo de Bab-al-Azizia, que no cayó hasta el 23 de agosto. Sin embargo, Gadafi había huido de allí. Entre los últimos reductos de los partidarios de Gadafi estaba Sirte, su ciudad natal, la ciudad de Sabha, el aeropuerto de Trí-poli y el cuartel de la 32.ª brigada especial mandada por Khamis el Gadafi, un hijo de Muamar el Gadafi, que cayó después de un bombardeo de la OTAN. Por fin, el día 21 de octubre, cayó Sirte después de una encarnizada resistencia. La intervención de las fuerzas de la OTAN terminó el 31 de octubre de 2011, después de que el Consejo de Seguridad anulara por unanimidad la resolución que permitía la intervención.

La guerra terminó con la derrota del régimen de Gadafi, su captura, su muerte en terribles circunstancias y el control total del país por los rebeldes. En esta guerra civil se produjeron entre 10.000 y 15.000 muertos por ambos bandos y se han verificado miles de actos de violencia sexual y crímenes de guerra por ambos lados, aunque hayan sido más abundantes los de las fuerzas leales a Gadafi. Sin embargo, el fin de la guerra no ha significado el fin de la violencia, y casi diariamente se pueden leer en los periódicos noticias que demuestran que la paz y la seguridad aún no están bien asentadas en Libia. Es normal que en un país recién salido de una guerra civil las fuerzas de seguridad retiren poco a poco a las milicias ar-

El buque norteamericano USS Kearsage *en el golfo de Aqaba regresa a casa tras haber prestado apoyo en la operación Iraqi Freedom.*

mamento variado, como pistolas, fusiles y algunas ametralladoras y morteros ligeros, pero el 24 de agosto de 2012 las fuerzas de seguridad retiraron a una milicia pro Gadafi de Tarhuna (una ciudad a 70 km al sudeste de Trípoli) unos 100 tanques y unos 30 lanzadores de misiles. Si bien esta guerra demostró una vez más que el apoyo aéreo era determinante en las operaciones de superficie, también quedó claro que en determinadas circunstancias es absolutamente necesario el papel de la infantería, que es la que finalmente ocupa el terreno, aunque puede que antes haya sido necesario que la aviación o la artillería se lo hayan hecho desocupar al enemigo.

EPÍLOGO

El conjunto de conflictos que ha tenido lugar en los últimos años del siglo XX y los primeros del siglo XXI, ha contribuido de forma decisiva a configurar el mundo en que vivimos. La mayoría de las guerras de estos últimos años han sido guerras irregulares, «asimétricas», cada vez más encarnizadas y, hasta cierto punto, cada vez más imprevisibles. El mundo actual no está bajo una «amenaza» tan masiva y terrible como la de la guerra nuclear que estaba siempre presente du-

rante la época de la «guerra fría», pero la incertidumbre es mayor, el riesgo de un conflicto es cada vez más visible y sus consecuencias más imprevisibles. La Organización de las Naciones Unidas siempre ha necesitado mucho tiempo para detener las guerras «convencionales», entre dos naciones, pero no es capaz de controlar el terrorismo, ya que las jefaturas de sus organizaciones existen al margen de la ONU.

En este tipo de guerras, que parecen instaladas en nuestro mundo de forma permanente, ha dejado de existir la diferenciación entre combatientes y no combatientes. En muchos casos los soldados uniformados, encuadrados en unidades bajo las órdenes de los gobiernos, se enfrentan a combatientes que no llevan uniforme, que no muestran sus armas, que no pertenecen a ningún ejército y que no obedecen a un gobierno legítimamente constituido ni aceptado internacionalmente. Pero los resultados que se pueden conseguir mediante estos conflictos son tan importantes como los de una guerra clásica, o más.

El mundo occidental ha sufrido directamente en sus carnes las consecuencias del terrorismo, especialmente el denominado «terrorismo islámico», que ha demostrado que puede atacar las

capitales del mundo occidental de cualquier modo imaginable. Pero contra estos ataques no pueden actuar los ejércitos convencionales, clásicos, ya que en muchos casos el enemigo está constituido por personas que, al menos en teoría, son sus propios compatriotas, o son, aparentemente, pacíficos ciudadanos del gobierno aliado al que se pretende ayudar. De ahí que casi todas las naciones del mundo occidental, así como Rusia y otros estados de todo el mundo, hayan creado «unidades de fuerzas especiales», para luchar contra los guerrilleros, que además han sido bautizados como «terroristas». De este modo, parece que se tiene derecho a emplear contra ellos la misma dureza y las mismas armas que los terroristas utilizan no solo contra la policía y las fuerzas armadas que la apoyan, sino también contra la población civil, con emboscadas, minas y trampas explosivas.

Actualmente, la guerra entre las diversas facciones musulmanas y contra los no musulmanes ha alcanzado un encarnizamiento terrible en Siria e Irak, con todo tipo de acciones que afectan más a la población civil que a los miembros de las fuerzas armadas contrarias. Pero, una vez más, se ha visto que la victoria por las armas

Arriba, un Dassault Mirage 2000-5 *de las Fuerzas Aéreas de Qatar despega como parte de la Operación Amanecer de la Odisea. Abajo, F-16 estadounidenses en la base aérea de Aviano, en Italia, regresando tras prestar apoyo en la Operación Amanecer de la Odisea en la guerra de Libia.*

será insuficiente; es necesario tener un objetivo político claro y alcanzable, que habitualmente solo se consigue mediante la acción psicológica y la ayuda a la población civil. Y lo peor es que los gobiernos occidentales y las organizaciones internacionales no son capaces de encontrar un objetivo político que parezca ni conveniente ni alcanzable. Y siempre son los gobiernos los que deben fijar el objetivo de las guerras, y los que dan las órdenes a los ejércitos, que son los que tienen que ganarlas.

Índice